Lidera tu dinero
Hábitos para tu libertad financiera

Esteban Coluccio

Copyright © 2017 Esteban Coluccio

Todos los derechos reservados: esta publicación no puede ser reproducida ni en todo ni en parte, ni registrada en o transmitida por un sistema de recuperación de información, en ninguna parte y por ningún medio, sea mecánico, fotoquímico, electrónico, por fotocopia, o por cualquier otro, sin el permiso previo por escrito del autor.

ISBN: 9781791374723

CONTENIDO

1	PRÓLOGO	1
2	HÁBITOS	4
3	SABIDURÍA DEL DINERO	11
4	HÁBITOS FINANCIEROS	20
5	REALIZA UN PRESUPUESTO PERSONAL	23
6	EL PODER DE LA INVERSIÓN	40
7	CONSUME EN FORMA EFECTIVA	55
8	AGRANDA LA 'TORTA'	80
9	OTRAS CONSIDERACIONES EN RELACIÓN AL DINERO	94
10	ELIMINA CREENCIAS LIMITANTES	101
11	LAS TRAMPAS DEL CAPITALISMO	112
12	EPILOGO	120
13	BIBIOGRAFIA	121

PRÓLOGO

¿Consumes todo lo que ganas? ¿Te genera ansiedad cada vez que llega el resumen de tu tarjeta de crédito? ¿Te está costando ahorrar o realizar inversiones exitosas?

Estamos en una época de superabundancia, pero no nos damos cuenta, hoy tenemos al alcance de nuestra mano infinitamente más bienes y servicios de lo que generaciones pasadas pudieran siquiera haber soñado, sin embargo ni lo notamos, estamos ciegos, solo vemos la escasez, lo que nos falta, vemos el vaso medio vacío. Hacer esto, además de impactar fuertemente en tu bienestar general, tiene un inesperado efecto colateral, te lleva a consumir enormemente más de lo que precisas y en forma completamente inefectiva. Cuanto más consumes, más precisas, es como una adicción, es el camino de la rata, caminas para estar siempre en el mismo lugar y cuanto más rápido peor, estás como girando en falso.

Tienes que saber que una mala gestión de tu dinero puede tener un impacto devastador en tu vida, abundan ejemplos de esto. Me he encontrado una y otra vez con personas que tienen todo para ser prósperas y no lo son. Aunque posean una gran educación, un gran trabajo, un gran sueldo, un gran auto, al final del día se encuentran vacías y no sólo vacías de dinero, sino, vacías de prosperidad, vacías de sentido, vacías de vida. Están agotadas, sin energía ni entusiasmo, la vida se transformó en una rutina eterna, todos los días parecen ser iguales, idénticos. Van en la vida como en piloto automático.

Pero entonces ¿qué hacer? ¿Cómo salir de este círculo vicioso y cómo el manejo efectivo del dinero te puede ayudar a resolverlo?

Para responder estas preguntas escribí este libro, el cual está pensado de manera integral, se basa en un método que busca un equilibrio en todas las áreas de tu vida y por eso su fuerte efectividad. Seguramente has visto muchas obras que te hablan de recetas mágicas, que te prometen hacerte millonario de la noche a la mañana, pero claramente, al cabo de poco tiempo te das cuenta de que no funcionan. También, quizás hayas probado la estrategia de bajar enérgicamente tus consumos, de repente, dejas de ir a reuniones sociales, dejas de comprarte eso que tanto te gusta, dejas de divertirte, etc. pero rápidamente te sientes terrible y vuelves a reincidir en los malos hábitos, sucede algo similar que con las dietas, al principio parecen funcionar, pero luego generas un efecto rebote y terminas, literalmente, peor que antes.

Este libro está enfocado en forma diametralmente opuesta, al leerlo vas a aprender a mejorar los tres aspectos fundamentales en el manejo del dinero: ganar dinero, conservar lo que has ganado y finalmente, invertir en forma efectiva. Adicionalmente, vas a aprender a sacar el máximo provecho a todos tus consumos, cada peso que utilices te va a aportar un granito de arena en tu bienestar, para esto vamos a trabajar en desarrollar los elementos clave que tiene que tener tu presupuesto personal. Vas a empezar a crear una nueva perspectiva en relación al dinero, vas a comenzar a verlo en forma sistémica, a cambiar creencias y a crear hábitos perdurables en el tiempo.

'Lidera tu Dinero' no sólo habla de dinero, habla de una forma de ver la vida, habla de tener menos para vivir más. Si te sientes identificado con lo que te describo, te invito a que leas este libro, te va a ayudar a ser un poco más libre, un poco más próspero, un poco más sabio.

Como decía el gran John Lennon 'La vida es aquello que te pasa mientras estás ocupado haciendo otros planes'.

HÁBITOS

'Somos lo que hacemos día a día.' Aristóteles.

'El lunes empiezo la dieta', 'Este año voy a dejar de fumar', 'Mañana me anoto al gym' ¿Te suenan familiares estas frases?

Si eres del planeta tierra, debes saber que las personas tomamos cientos de decisiones todos los días, algunas en forma consciente como qué carrera universitaria elegir, con quién te vas a casar, adónde ir de vacaciones y otras no tanto, como qué camino tomar para ir al trabajo, qué marca de dentífrico comprar, en dónde almorzar, etc.

Es importante que sepas que una de las herramientas de cambio más poderosa que tienes a tu disposición son las elecciones diarias que tomas. Estas elecciones con el tiempo se transforman en hábitos y estos definen tu carácter. Como dice William James 'Siembra una acción y cosecharás un hábito. Cultiva un hábito y obtendrás un carácter. Cultiva un carácter y cosecharás tu propio destino'.

Las personas nos convertimos en lo que hacemos, nos convertimos en nuestros hábitos y estos últimos tienen dos propiedades poderosas:

1 - **Recurrencia**: los hábitos al ser recurrentes generan sí o sí cambios profundos. Una acción aislada puede o no

tener efecto, pero si esta acción la realizas regularmente, sin duda, que el resultado tarde o temprano va a llegar. Está garantizado, es sólo una cuestión de tiempo. Te doy un ejemplo: si vas al gimnasio una sola vez, al otro día difícilmente veas alguna mejora, es más, lo normal es que te sientas peor, dado que estás utilizando músculos que tenías 'dormidos', ahora bien, si vas al gimnasio por 6 meses seguramente vas a notar mejoras ¿Y si lo haces por 5 años? Los resultados son inevitables, no hay posibilidad de error. Ese es el poder de la recurrencia, de las rutinas, ese es el poder de los hábitos.

2 - **Automaticidad**: las acciones que haces en forma regular se tornan automáticas, es decir, ya no tienes que elegir una y otra vez qué acción realizar, sino, que ante una determinada situación, la decisión se toma 'sola', se te hace transparente y en consecuencia se te hace fácil realizarla, lo tienes incorporado y lo haces con naturalidad. Esto es lo que les sucede a los deportistas de elite, el ex nadador olímpico argentino José Meolans, desde los 12 a los 20 años se levantaba a las 4:00am todos los días para dar comienzo a su entrenamiento, luego iba al colegio como cualquier chico normal y en el horario de la siesta hacía gimnasia, y como si esto fuera poco, por la tarde nadaba otras dos horas. Me imagino que al comienzo, los entrenamientos habrán sido muy difíciles, le habrá costado mucho salir de la cama de madrugada, especialmente durante el primer invierno, aunque pasado cierto tiempo, cuando el cuerpo se empieza a acostumbrar, se convierte en rutina y lo empiezas a realizar con total naturalidad, sin esfuerzo. Para ponerte un ejemplo mucho más mundano, tú no piensas en lavarte los dientes todas las mañanas, simplemente lo haces, lo tienes incorporado, pones el piloto automático.

Existen teorías que establecen que si realizas una

actividad 21 días seguidos, esta se convierte en hábito, otros más conservadores comentan que se necesitan dos meses aproximadamente. Hace un tiempo participé de un seminario de Estanislao Bachrach, biólogo argentino y autor de los libros 'En Cambio' y 'Ágilmente' y justamente le hice esta pregunta: ¿Cuál es el tiempo que demoramos en adquirir un nuevo hábito? Me respondió que la ciencia no tiene pruebas firmes con respecto a este tema, aunque en su experiencia, las personas con mayor motivación son las que lo consiguen más rápidamente.

Al final del día, no importa si son 21, 60 ó 90 días, lo importante, es que en poco tiempo puedes incorporar hábitos nuevos y saludables que te puede generar ventajas enormes en el corto plazo.

Además, debes saber que nada escapa a la Ley de la Siembra, esta indica que es imposible pensar que vas a obtener algo (cosechar) si no has sembrado previamente. Es una ley de la naturaleza ¿Podrías completar un triatlón la semana que viene si nunca has entrenado?

Es por ello, que resulta clave que establezcas hábitos saludables en cada ámbito de tu vida y de esta manera mejores la calidad de ella. Tu dinero sin duda es un área fundamental y es por esa razón que te voy a compartir hábitos financieros saludables que te permitan ganar en tranquilidad, libertad y prosperidad.

Como decía Einstein 'No puedes obtener resultados diferentes haciendo lo mismo que haces hoy.'

Hábitos fundamentales

Hace poco leí el libro 'El poder de los hábitos' de Charles Duhigg, en el cual comenta justamente la importancia que tienen los hábitos en tu vida, nos cuenta que las personas somos básicamente un montón de hábitos y cambiarlos tiene un poderoso impacto.

En su libro hace hincapié en que existen ciertos hábitos que podemos llamar fundamentales, se llaman de esta manera porque cambiar uno de estos tiene el poder de afectar positivamente muchos otros ámbitos de tu vida, generando un efecto domino.

Uno de los ejemplos clásicos es el de hacer ejercicio en forma regular, generalmente, cuando lo incorporas, una serie de reacciones positivas ocurren en tu vida. Empiezas a comer más sano, empiezas a fumar menos o simplemente dejas de fumar, empiezas a tener mejor humor, etc.

Si bien hacer ejercicios es muy recomendable, poder manejar en forma efectiva tu dinero puede también generar un impacto enorme en tu vida mas allá de tus finanzas. Te comparto la siguiente investigación que se realizó en el año 2006:

Megan Oaten y Ken Cheng son 2 investigadores australianos que estuvieron estudiando cómo la disciplina y el autocontrol afectan tu vida, y uno de los experimentos que realizaron fue inscribir a 29 personas en un taller de 4 meses relacionado al manejo del dinero. En dicho taller, les enseñaron a establecer objetivos de ahorro, controlar sus consumos y llevar un registro de todos sus gastos.

Luego de este programa, las finanzas de los participantes mejoraron notablemente, pero lo sorprendente fue que también empezaron a beber menos alcohol, a fumar menos cigarrillos, a consumir menos cafeína, a comer menos fast food y ser más productivos en el trabajo o en el colegio. Ordenar las finanzas produjo un efecto en cadena que finalmente generó que ordenaran sus vidas.

Minihábitos

'Todo empieza por un pequeño y aterrador primer paso.'

Los hábitos son realmente increíbles y tienen el poder de transformar tu vida entera. Sin embargo, el primer obstáculo que debes atravesar es empezar, dar ese primer paso. Toda acción nueva que haces exige romper esa primera barrera psicológica y debes saber que en un primer momento tu cerebro te va a boicotear, este busca 'ahorrar' energía, es decir, hacer siempre lo mismo, funcionar en modo automático. Por eso es muy fácil que desistas antes de comenzar. Sin embargo, para sortear este arduo obstáculo, te quiero presentar los mini hábitos ¿Qué es eso?

En su libro 'Mini hábitos', Stephen Guise nos enseña que estos son acciones tremendamente pequeñas que no requieren esfuerzo alguno. Te doy un ejemplo, si tu objetivo es estar mejor físicamente, buscar un gimnasio e ir 3 veces por semana puede parecer una tarea que requiere una enorme inversión en tiempo y esfuerzo, entonces es demasiado fácil que la postergues, en ese momento tu cerebro va a buscar alguna excusa para que no lo hagas, para que te quedes en el lugar donde estás, y no tengas ninguna duda de que la va a encontrar. Entonces, una estrategia que puedes adoptar es plantearte tareas mínimas, como por ejemplo, subir un piso por escalera en vez de usar el ascensor. Esto no requiere nada de talento ni esfuerzo alguno, entonces simplemente lo haces, pero el atractivo de hacer esto es que generalmente no te quedas ahí, una vez que empiezas, te das cuenta de que en vez de un piso puedes subir cuatro o más. De esta manera, te pones en acción y una vez allí, abres el camino para generar el hábito que tanto deseabas. Otro ejemplo es que cada vez que vuelvas del trabajo a tu casa, antes de ingresar, des una vuelta a la manzana, lo que probablemente vaya a suceder es que no des solo una vuelta, sino, que continúes y hagas otra mas o quizás vayas hasta el parque o plaza más cercano. Esto se da por la vieja y querida ley de inercia de Isaac Newton, esta famosa ley nos dice que un cuerpo suele permanecer en el estado en que está, es decir, si se encuentra en reposo, se va a mantener así, aunque si está en movimiento, lo normal es que continúe en dicho estado. El desafío es justamente romper la inercia que genera el estado de reposo con actividades extremadamente simples y una vez que esto sucede, la ley de Newton hace el resto.

Lo que te estoy proponiendo es que empieces muy de a poco, pero que empieces hoy mismo, no dejes pasar ni un día mas, cada minuto cuenta.

☐
¿Para qué quiero tener dinero?

'Llegar es fácil, lo importante es mantenerse' dicho popular

Finalmente, te decides a empezar, has dado ese primer paso, tu motivación está por las nubes, sin embargo, a los 15 días abandonas, desistes, sientes que es demasiado sacrificio, demasiado esfuerzo.

Si bien los hábitos son poderosos, para mantenerlos en el tiempo y que se conviertan en automáticos precisas tener una motivación fuerte. Necesitas una recompensa para 'cruzar ese puente', necesitas un para qué, un sentido, si no, es probable que los abandones rápidamente.

Y en el caso del dinero, si bien todo el mundo dice querer tener mucho más, pocos se hacen las siguientes preguntas:

¿Para qué quiero tener más dinero? ¿Qué voy a hacer con él?

Si no sabes para qué lo quieres, ningún monto va a ser suficiente nos decía el eterno Facundo Cabral. Ante esta pregunta, cada uno va a tener una respuesta diferente, unos van a decir: 'Quiero libertad financiera', 'No quiero depender de mi trabajo', 'Quiero vivir sin jefes', 'Quiero donarlo a una organización benéfica', 'Quiero ayudar a mi familia', etc.

El dinero es espectacular y tiene el poder de cambiar realidades, pero necesitas un motivo. Ese motivo siempre esconde un valor profundo, algo que anhelas de verdad. El dinero es un medio, nunca puede ser un fin, es por ello, que cuanto más claro tengas tu motivo y este se encuentre alineado con tus valores, mayores son las chances de que consigas lo que quieres. Por esto, te invito a que completes la siguiente frase:

Quiero el dinero para_____

SABIDURÍA DEL DINERO

Antes de empezar de lleno con los hábitos financieros, te quiero dejar unas reflexiones en relación al dinero y a la prosperidad en general, para que puedas tomar un poco de perspectiva que te permita ampliar tu visión y ver las cosas más claramente.

Rueda de la Vida

Escuchamos frases de todo tipo en relación al dinero: 'El dinero no es importante', 'Es sólo dinero', 'El dinero no puede comprar la felicidad', 'El dinero viene y va'. Entonces, al final del día ¿El dinero es o no es importante?

Para tomar perspectiva, existe una herramienta que los coaches usamos que se llama 'La rueda de la vida'. Esta rueda te muestra ocho áreas de tu vida que debes prestar especial atención si quieres obtener prosperidad.

El dinero es una de ella. No es la única, ni seguramente la más importante, aunque para tener una vida plena debes tenerlo fuertemente en cuenta.

Necesitas equilibrio, el dinero es una de las 8 áreas claves de tu vida y si no lo manejas en forma adecuada, el resto de los roles se van a ver afectados profundamente.

Seguramente, conoces casos de amigos que se han

peleado por dinero, parejas que discuten y se separan por este tema, sociedades que se rompen por cuestiones financieras y esto genera que tu salud y tu entorno se resientan fuertemente.

Las demás áreas importantes de tu vida son: tu salud, diversión, pareja, amigos/familia, trabajo, entorno y espiritualidad.

RUEDA DE LA VIDA

Las cosas importantes son gratis (o casi)

'Sé fiel a las cosas pequeñas, es en ellas donde la fuerza reside.'
Madre Teresa de Calcuta

Las cosas más importantes son las pequeñas, las de todos los días, las simples, en ellas reside toda la fuerza, ahí se encuentra la felicidad verdadera. Esto es una verdad enorme, pero que fácil que la olvidamos, por eso es importante recordarla continuamente.

Existen los momentos que yo llamo de 'Costo cero pero de valor infinito'. Parece una contradicción, el sueño de cualquier inversionista ¿Cuánto vale un "Te quiero" de tu sobrino o hijo? ¿Cuánto dura su efecto? ¿Cuánto vale una sonrisa de un ser querido? ¿Cuánto vale un abrazo de esa persona especial?

El problema es que damos por sentado las pequeñas cosas y buscamos por otro lado, buscamos el gran evento, la gran experiencia, el gran viaje, etc. Y este tarda en llegar, y cuando llega, pronto termina o no satisface tus expectativas y el ciclo comienza una y otra vez, es un camino sin fin.

Se han hecho investigaciones en personas que le quedaban entre 3 a 6 meses de vida, acerca de qué cosas era las más importantes y los resultados fueron contundentes. Las cosas que más valoraban en sus últimos días eran las más simples, un paseo por el parque, leer un buen libro, una tarde de sol, una charla con amigos, el olor de las flores, el canto de los pájaros, etc.

Lo mágico es que cuanto más te enfocas en estas cosas, más de ellas encuentras, lo contrario también es cierto, cuanto menos te enfocas, menos encuentras.

Es por esto que te invito a que no sigas dando vueltas, no sigas buscando los grandes eventos, existen tesoros de felicidad alrededor tuyo, están ahí esperándote ¿Qué necesitas que suceda para empezar a apreciar las cosas simples?

No esperes más, te animo a que comiences hoy mismo a disfrutarlas antes de que sea demasiado tarde. Créeme, no necesitas el último iPhone para ser feliz, no precisas un nuevo par de zapatos, es más, si buscas por ahí, la felicidad se te va a escapar siempre.

Simplifica tu vida

'Vive sencillamente para que otros puedan simplemente vivir.'
Madre Teresa de Calcuta.

Uno de los mejores hábitos que puedes adoptar es el de simplificar tu vida y la mejor forma de hacerlo es empezar a eliminar las cosas que ya no utilizas.

El gran escritor argentino Jorge Luis Borges una vez realizó el siguiente comentario: 'Es triste, la gente ama sus cosas, pero las cosas no saben que existimos, es como un amor no correspondido'.

Solemos ir por la vida acumulando cosas que no precisamos, quizás te sirvieron en algún momento de tu vida, pero hoy en día no tienen ninguna función. Es por esto que liberarte de ellas va a hacer que vayas más liviano de equipaje, vas a poseer menos cosas y por ende, vas a ocupar menos espacio.

Cuando te liberas de cosas generas mayor claridad, nada peor para tu salud mental que un ambiente demasiado cargado de objetos que no precisas, esto te genera una enorme confusión, además, cada vez que eliminas cosas, estás creando espacio para que nuevas cosas ingresen a tu vida. Si el recipiente está lleno, no hay lugar para nada más.

Además, te vas a generar la costumbre de no acumular y como bonus, lo que ya acumulaste lo puedes vender y obtener algún beneficio monetario extra.

Hace unos años Claudia, una amiga de Ambato, Ecuador, consiguió la aprobación para crear un evento en Quito de la organización 'The Street Store' www.thestreetstore.org. Esta fundación tiene como misión generar una experiencia de compra de ropa para los más necesitados. Para esto, se arma una especie de feria, donde la ropa se encuentra exhibida en perchas para que las personas puedan elegir lo que precisen y más les guste, la meta no es hacer una simple donación, sino, que es empoderar a estas personas. Las prendas a ofrecer se obtienen de donaciones y cuando Claudia me comentó que precisaban voluntarios para este proyecto, sin dudar un segundo, me anoté. La primera tarea que realizamos fue recibir las donaciones del público, para esto, durante todo un domingo se armó una especie de 'tienda' en el parque 'La Carolina', donde la gente dejaba la ropa usada. Luego de esto, y la parte más difícil, fue la organización, precisábamos organizar la ropa, por tipo, tamaño, etc. Esta tarea la realizamos en el departamento de Claudia ese mismo domingo al finalizar la tarde. Al entrar al living de su casa nos encontramos, literalmente, con miles de prendas a clasificar, en ese momento 2 cosas se me vinieron a la mente, lo primero fue que la gente es realmente muy generosa y quiere ayudar a los demás, y lo segundo, fue que tenemos demasiadas cosas que no usamos ni precisamos, que solemos acumular objetos que no aportan absolutamente nada a nuestra existencia.

Para comenzar a cambiar este patrón, una buena pregunta que puedes hacerte es: ¿Cuándo fue la última vez que utilicé esto? Si no lo has usado en más de un año, es un gran indicador para que te liberes de ese objeto hoy mismo. Las probabilidades que lo vuelvas a usar son realmente bajas.

En su best seller 'La magia del orden' Marie Kondo, una joven japonesa experta en cómo organizar ambientes, nos ofrece una sencilla técnica para decidir si debes mantener un bien o no. Con más de 8 millones de libros vendidos, ella propone que tomes cada objeto en tus manos y sientas si te está aportando algo positivo en tu vida, si te está agregando buena energía. Si la respuesta es NO, debes descartarlo sin más vueltas. Su propuesta es que sólo te quedes con objetos que generen valor a tu experiencia vital. Hace un tiempo hice este ejercicio y me sorprendí de la cantidad de cosas que pude descartar y la sensación luego de hacerlo fue fantástica. Sentí como una liberación interior.

Adicionalmente, desde hace varios años existe un movimiento mundial que se llama 'Minimalismo', y dentro de este se destacan dos estadounidenses, Ryan Nicodemus y Joshua Fields Millburn, creadores del blog 'The Minimalists'. Ryan era una de esas personas que desde afuera se puede calificar como exitosas, tenía un gran trabajo en una respetada multinacional con cientos de empleados a su cargo, cambiaba su auto cada 2 años, vivía en un lujoso departamento, poseía todos los adelantos tecnológicos que existían, sin embargo, también poseía enormes cantidades de estrés, de ansiedad, preocupación y por sobre todo, poseía un enorme vacío que intentaba llenar con objetos. Al unirse a este movimiento, con la ayuda de Joshua, hicieron un experimento asombroso: empacaron todos los objetos que tenían en su departamento, llenaron cajas y más cajas y luego decidieron sacar las cosas que necesitaban, las que realmente generaban valor en su vida, luego de 3 semanas se dieron cuenta de que el 80% de sus pertenencias seguían empacadas.

La conclusión a la que han llegado es que es mucho más saludable poseer menos y disfrutar más, liberarte de preocupaciones y enfocarte en lo verdaderamente prioritario: tu salud, tus relaciones, tu crecimiento, tu contribución y tu comunidad.

Ciclo de Prosperidad Financiera

Como recién te comenté, simplificar es un paso esencial para conseguir prosperidad en tu vida, en esta sección te quiero presentar el ciclo de prosperidad financiera, que te va a traer luz en relación al manejo de tu dinero.

Mucha gente cree que la solución a todos sus problemas económicos se encuadra en conseguir más dinero, en ganar mas. Y si bien ganar dinero es fundamental, es sólo uno de los 3 factores que debes tener en cuenta para generar riqueza. Los otros 2 son: conservar tu dinero y el último corresponde en cómo invertirlo en forma efectiva. El esquema completo es: Ganar - Conservar - Invertir.

Precisas prestar especial atención a estos 3 factores, todos son vitales y no puedes descuidar a ninguno de ellos.

El ciclo comienza con ganar dinero, esto es sin duda muy importante, todos lo sabemos, si no lo ganas no puedes conservarlo. Aunque dos personas con el mismo nivel de ingresos, pueden tener situaciones drásticamente opuestas, una puede ser próspera y la otra puede estar en la ruina.

CICLO DE PROSPERIDAD FINANCIERA

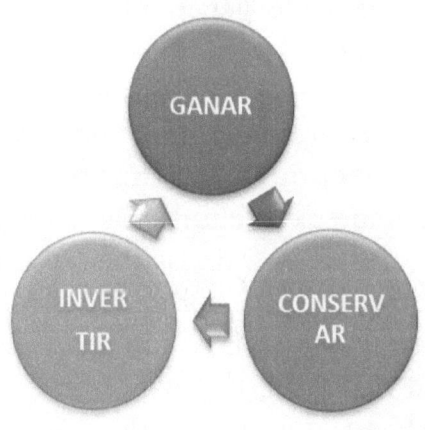

Luego de ganar dinero, lo segundo que debes hacer es conservar lo que has ganado. Si no lo sabes conservar, no importa cuanto ganes, nunca vas a tener dinero, vas a gastar el 100% y es probable que vivas endeudado. Esto se debe a una famosa ley que te voy a mostrar más adelante.

Y el último paso es la forma en que inviertes lo que has conservado. Lo importante de esta última etapa es que se retroalimenta, es decir, si tu inviertes correctamente, esto te va a hacer ganar más dinero, ese dinero lo conservas y luego lo vuelves a invertir, generando de esta manera un círculo virtuoso.

Se me viene a la mente 2 ex colegas de trabajo, Fede y Romy. Ambos trabajaban en la misma empresa y en la misma área, los dos tenían el mismo nivel de estudios y sus salarios eran virtualmente idénticos, pero su manera de administrarlo era totalmente diferente. Fede era una persona muy ordenada y prolija en este aspecto, tenía un total control de sus finanzas, poseía objetivos de gastos claros y no se daba lujos que no precisara, esto le permitió comprarse su propia casa y además, a la edad de 35 años, comprar un departamento como inversión, el cual le generaba una renta mensual por alquiler. Volviendo al ciclo, Fede tenía la capacidad de conservar su dinero y de invertirlo apropiadamente, generando riqueza.

Por el otro lado, Romy, siempre gastaba en cosas innecesarias, todos los días consumía 2 o 3 cafés y normalmente lo acompañaba con algo, una cookie, torta, croissant, etc., era normal que almorzara diariamente en modernos restaurantes y que todas las semanas se comprara ropa, zapatos, carteras, etc. de las mejores marcas, esto no le dejaba margen de ahorro, por lo que precisaba alquilar el departamento en el que vivía, y como consecuencia, estaba constantemente pendiente de cuando era el día en que le depositaban el sueldo, dado que su cuenta estaba habitualmente en rojo y precisaba pagar con urgencia sus deudas generadas con la tarjeta de crédito. Romy, si bien ganaba un atractivo salario, su defecto estaba en no poder conservar el dinero que generaba.

HÁBITOS FINANCIEROS

Ahora sí, en este capítulo vamos a empezar a revisar hábitos simples y prácticos en relación a tu dinero. Cuando los incorpores a tu vida, te van a posicionar dentro del 5% de las personas con mayor inteligencia financiera. Vamos directamente con el primero:

Ten un control total de ingresos y gastos

'Lo que se mide se mejora.' Peter Drucker

Medir, medir y medir. Si no mides es muy difícil que logres algún resultado en cualquier ámbito de tu vida. Y en un tema tan importante como el dinero, debes tener el hábito de saber cuáles son exactamente tus ingresos y tus gastos. Google es el mejor ejemplo de 'El poder de la medición', esta empresa mide absolutamente todo: cuantás personas vieron tus videos, de qué países, de qué género, desde dónde lo vieron, que día, a qué hora, cuánto tiempo lo miraron, retención de audiencia, cantidad de 'likes', cantidad de comentarios, suscriptores, cuánto has facturado, etc, etc.

Si no tienes un control de tus ingresos es como si quieres

hacer dieta pero no quieres ir a pesarte. Por esto te sugiero llevar una planilla o aplicación financiera que te permita ver tu situación en forma fácil, rápida y clara. Necesitas tener un detalle preciso en qué estás gastando tu dinero, dónde se te está yendo, etc. Si no sabes esto, cómo vas a saber cual es el estado de tu economía, cómo vas a hacer para mejorarla, por dónde vas a empezar, cómo saber si estas gastando en forma efectiva o no.

Este es el primer paso para comenzar a ordenar tu escenario económico. No tienes que ser un genio en el Excel, existen varias aplicaciones disponibles y algunas hasta en forma gratuita. Elige la que más te agrade y comienza hoy mismo a medir y a liderar tu dinero.

Existe una ley que establece que en lo que te enfocas se expande y cuanto mayor es tu foco, el proceso toma más velocidad. Seguramente, te habrá pasado que cuando te enteras que alguien de tu círculo íntimo va a tener un bebé, de repente, empiezas a ver mujeres embarazadas por todos lados. Con el dinero pasa lo mismo, por eso la propuesta es que te enfoques en él y este sin dudas va a crecer, es ley.

Riqueza neta

Si bien es de enorme importancia tener un control de tus ingresos y gastos. También es necesario que cuentes con un detalle de tu patrimonio, esto es: tus activos menos tus pasivos. Para hacerlo simple: todo lo que tienes menos tus deudas. Esto te va a permitir saber cual es tu situación real en todo momento y como la misma crece a medida que implementas tus nuevos hábitos financieros. Los economistas distinguen estos dos conceptos, a uno lo llaman 'flujo' y al otro 'stock'.

Una vez que determinas el stock (tu patrimonio), lo

importante es que el flujo sea positivo, esto hace que tu stock aumente en el tiempo. Por otro lado, si tu flujo es negativo, por más que tu stock sea muy importante, tarde o temprano se va a agotar. Recuerda que ningún stock es infinito.

Tener estos 2 conceptos claros y visibles todo el tiempo, te va a permitir contar con una imagen nítida de tu situación financiera en todo momento y por ende, saber siempre en dónde estás parado.

RIQUEZA NETA

REALIZA UN PRESUPUESTO PERSONAL

Luego de realizar los 2 pasos anteriores, es fundamental que realices un presupuesto personal anual, muy poca gente hace esto, con suerte existen personas que realizan algún tipo de cálculo básico en forma mensual. La ventaja de realizarlo anualmente, es que te da una enorme perspectiva. Ahí te vas a dar cuenta la magnitud de dinero que estás gastando y vas a empezar a cuidar mucho mejor tus gastos.

Además, te va a ayudar a entender que esos 'pequeños' gastos que haces a diario afectan en forma significativa a tu economía.

Gastar $10 dólares por día en Starbucks no parece significativo, ahora bien, si lo multiplicas por 365 días, el impacto es otro y ahí te puedes preguntar qué es más importante para ti, consumir cafeína o a fin de año contar con $3,650 dólares adicionales en tu cuenta bancaria.

Asimismo, vas a darte cuenta a qué le estas dando prioridad en tu vida. Te doy un ejemplo: los políticos suelen hablar de la importancia de la educación, la salud, la cultura, etc. Pero para saber realmente donde está su prioridad necesitas mirar el presupuesto, necesitas entender en dónde están asignando los recursos. En tu caso personal no es diferente ¿Le estás dando prioridad a las cosas importantes? ¿A formarte, a capacitarte, a tu salud, a tus relaciones? o estás gastando tu dinero mayormente en entretenimiento.

Existen 2 instrumentos que definen tu calidad de vida, una es tu presupuesto (cómo usas tu dinero) y el otro es tu agenda (cómo usas tu tiempo).

La propuesta es realizar un presupuesto equilibrado que te permita obtener el máximo beneficio en todas las áreas de tu vida.

Recuerda que las personas normales se enfocan en el corto plazo, buscan placeres inmediatos, gratificación instantánea. En cambio, la gente próspera se enfoca en el largo plazo (en las relaciones, en la salud, en la formación, en la comunidad, etc.). Es por eso que te propongo que realices tu presupuesto contemplando las siguientes áreas: (los porcentajes son sugeridos, tú puedes adaptarlos de acuerdo a tu situación puntual)

PRESUPUESTO

Fórmate

'El conocimiento tiene que ser mejorado, desafiado e incrementado constantemente o se desvanece'. Peter Drucker

El primer ítem de tu presupuesto es para tu educación. Necesitas en forma urgente establecer un presupuesto para formación. Este hábito tiene el potencial de cambiar tu vida.

La gente común ve la formación como algo formal, tedioso y como una carga. Pero el aprendizaje es el principal impulsor de cambios y por eso debe ocupar el primer lugar en tu presupuesto. Si destinas un 10% de tus ingresos a tu formación, te aseguro que vas a hacer una enorme diferencia en el mediano plazo.

Imagina quién serías dentro de 5 años si aprendieras 5 nuevas habilidades. Imagina quién serías si leyeras 15 libros de formación cada año.

Cuanto más aprendes más valioso eres, se te abren mayores posibilidades, tienes mayor capacidad de acción y esto al final del día, te va a llevar a generar mayores ingresos. Stephen Covey en su libro 'Los 7 Hábitos de la gente altamente efectiva' lo define como Afilar la Sierra.

Cada vez que aprendes algo nuevo tu mundo se expande, cada conocimiento nuevo te abre posibilidades que ni siquiera sabías que estaban allí, te genera nuevos contactos, nuevas amistades, nuevos paradigmas, nuevas palabras, nuevos autores, hasta te genera nuevas conexiones neuronales. Literalmente tu cerebro se modifica.

Lo ideal es que enfoques tu capacitación en 3 aspectos:

1 – **Especialización**: una porción de tu presupuesto es sano que lo destines a fortalecer y actualizar los conocimientos en tu área actual. Esto hace que seas más

valioso y que te conviertas en un experto. Por ejemplo, si tu área es teatro, es aconsejable que tomes capacitaciones de alguna nueva técnica de actuación, si lo tuyo es la arquitectura puedes realizar una maestría de diseño interactivo, etc.

Aunque lo único no tan positivo de hacer esto, es que no sales demasiado de tu zona de confort. El lenguaje que se utiliza es prácticamente el mismo, las personas que concurren son similares a ti, etc.

2 – **Áreas a mejorar:** estoy convencido de que las personas deben enfocarse en sus fortalezas y explotarlas al máximo y olvidarse de las debilidades. Aunque, existen situaciones en que nuestras debilidades no nos permiten crecer. Por ejemplo, si te está costando entablar relaciones sanas con los demás y eso es un obstáculo para tu crecimiento personal, es una buena idea que tomes cursos de networking, inteligencia emocional, comunicación asertiva, etc. Esto te va a destrabar obstáculos y te va a permitir superarte. Hace unos años me ofrecieron dar una conferencia ante 300 personas y recuerdo que desistí porque sentía que mi fuerte no estaba en las palabras y además, el simple hecho de pensar en dicha situación, me aterraba. Eso sin dudas me estaba cerrando inmensas posibilidades, cuando me di cuenta de esto, decidí capacitarme en oratoria y de esta manera estar preparado y no desaprovechar ninguna nueva oportunidad.

3 – **Novedad**: también es altamente recomendable que realices capacitaciones en algún área que sea totalmente nueva para ti. Esto te lo recomiendo por tres razones:

Humildad: hacer esto te pone en una situación de incompetencia casi total, te vuelves más humilde dado que te das cuenta de que existen muchísimas cosas que no conoces y además, cuando alguien no sepa de algún tema que tu manejas, lo vas a tratar con mayor compasión, dado que ahora sabes lo que se siente ser novato en algo.

Actitud: cuando te habitúas a aprender cosas nuevas, te das cuenta que todos los procesos de aprendizaje son similares y por lo tanto tomas conciencia de que puedes aprender virtualmente lo que te propongas. Este conocimiento te provee un poder enorme, dado que te habilita a hacer prácticamente lo que decidas. Solo debes identificar qué es lo que precisas y actuar para conseguirlo.

Conexiones: al aprender algo totalmente nuevo, tu cerebro comienza a hacer conexiones neuronales nuevas, literalmente, tu cerebro se transforma para bien y nuevas oportunidades, de repente, empiezan a aparecer. Vas a empezar a relacionar conceptos nuevos con viejos y ver las situaciones de manera totalmente diferente, vas a generar nuevos puntos de vista que no hubieses imaginado anteriormente.

Hoy en día existen cursos, programas, libros, talleres, seminarios, etc. de prácticamente cualquier tema y estos se encuentran al alcance de tu mano, hasta muchos son gratis.

Aprende temas de ventas, marketing, comunicación, negociación, oratoria, inteligencia emocional, etc. Está comprobado que estas habilidades llamadas 'blandas' son el predictor más exacto del éxito personal. Apúntate a cursos para aprender a tocar algún instrumento, de algún deporte, idiomas, cocina, yoga, etc.

Recuerda, la gente próspera invierte en formación, mientras que la gente común invierte en entretenimiento.

Como dijo Benjamín Franklin 'Si piensas que la formación es cara, prueba con la ignorancia.'

Ahorra

'Un tonto con dinero es una gran fiesta'. Robert Kiyosaki.

Uno de los principales déficits que posee la mayoría de las personas es no tener una cultura del ahorro. Pagas las cuentas, gastas y luego si queda algo lo ahorras o inviertes. Y normalmente, nunca te queda nada. El ahorro se encuentra en el último eslabón, posee poquísima prioridad.

Una conducta financiera saludable requiere que destines a ahorro como mínimo el 10% de tus ingresos. No es excusa que ganes poco dinero, ponte como meta ahorrar todos los meses. Este hábito es condición necesaria para tu salud financiera.

La dinámica debe ser la opuesta, lo primero que debes hacer es separar este 10% y luego realizar tus gastos con lo que quede, es decir, primero te pagas a ti mismo y luego a los demás. Muchas veces en mis cursos me hacen la siguiente pregunta: ¿Y qué sucede si no me alcanza con el resto? La respuesta es siempre la misma: Te tiene que alcanzar a como dé lugar, te tienes que arreglar de alguna manera para gastar menos o para generar nuevos ingresos, así de simple. Usa tu creatividad, pon tu mente a trabajar, que sin duda va a encontrar la respuesta. Seguramente, existen muchas personas que viven con el 90% de tus ingresos, entonces, tú también lo puedes hacer, pensar que no puedes vivir con menos es mentirte a ti mismo. Haciendo esto, te das cuenta de que el nivel de gastos es una decisión, tú lo puedes establecer en el nivel que quieras. Ponte a pensar, ¿Cuál es el motivo por el cual las empresas definen su presupuesto? Claramente, no es por falta de recursos, sino para ordenarse, para poner disciplina en su accionar, para limitar sus gastos. Tu caso no es diferente, puedes manejarte de esa misma manera y obtendrás los mismos buenos resultados.

DINÁMICA AHORRO

Algo extremadamente importante es que separes este 10% del resto. Una estrategia muy poderosa que puedes establecer, es abrir una cuenta de inversión separada, al hacer esto, tu cerebro deja de asociar ese dinero como disponible para consumir, lo pone en otra categoría, en la categoría 'ahorro', esto es una condición necesaria para tu éxito.

Te doy un ejemplo concreto de esta regla: si tienes un ingreso de 1,500 dólares al mes y ahorras un 10%, dentro de 10 años vas a obtener 18,000 dólares, si eso mismo lo haces pero ahora por 20 años, el monto se duplica a 36,000 dólares, si lo haces por 30 años se transforman en 54,000 dólares y en 40 años, es decir, en toda tu vida laboral, asciende a 72,000 dólares. ¿Para empezar nada mal, cierto?

Otra estrategia que te recomiendo fuertemente para aumentar tus niveles de ahorro es la siguiente: la próxima vez que recibas un aumento, ponte como meta ahorrar un porcentaje de ese valor. Por ejemplo: imagina que recibes un aumento de 500 dólares, entonces, de ahora en mas puedes establecer un ahorro adicional de digamos 300 dólares por mes, aumentas el porcentaje de ahorro sin sacrificar consumo.

Muchos clientes que me solicitan asesoría financiera, me preguntan qué hacer con el ítem de ahorro dado que se encuentran muy endeudados y no cuentan con capacidad para ahorrar, en algunas ocasiones el pago de la deuda es sustancialmente mayor que ese 10%, he encontrado situaciones donde este ascendía hasta un 50% de los ingresos. En esos casos, lo importante es que todos tus esfuerzos se enfoquen en disminuir tus deudas. Ese va a ser tu principal objetivo, usa tu presupuesto de ahorro para bajar las deudas lo antes posible, paga tus deudas de tarjetas, tus préstamos personales y cualquier otra deuda en la que te encuentres, esto es fundamental, dado que los intereses que mes a mes pagas, no te van a permitir crecer, entras en un círculo vicioso. Entonces, paga tus deudas y una vez que lo logres, ahí recién comienza con el ciclo de acumulación de dinero. De este modo vas a pasar del círculo vicioso al círculo virtuoso de generación de riqueza.

Relaciónate

Tener un presupuesto anual no significa quedarte en tu casa todo el día y rechazar las invitaciones que te hagan. Te digo más, fomentar salidas te permite crear o mejorar tus relaciones y esto es una de las mejores inversiones que puedes hacer.

Se estima que más del 85% de tus resultados se generan por las relaciones que cultivas a lo largo de tu vida. Por esto mismo te aconsejo que tengas un presupuesto separado para este tema. Este es el tercer ítem del mismo (los anteriores son formación y ahorro).

Hay estudios que demuestran que cuando más disfrutas es cuando estás con tus seres queridos, esas personas que te importan y a los que les importas: amigos, pareja, padres, abuelos, hijos, primos, tíos, etc. Es por esto que siempre intenta compartir momentos con ellos, es el dinero mejor invertido. Aunque tampoco es necesario gastar mucho dinero en esto, es más, una estrategia inteligente es compartir momentos de bajo costo y altísimo valor.

Generalmente, en estos casos no importa tanto a donde vayas sino con quien vayas. Puedes ir al mejor restaurant de la ciudad, pero si te encuentras solo o con gente que no te divierte estar, seguramente no lo vas a disfrutar, por el contrario, si vas a tomar un café o directamente a la casa de tus mejores amigos, ten la certeza que vas a obtener un gran beneficio gastando poquísimo dinero.

Al salir y cultivar relaciones te diviertes y como vimos al principio del libro, la diversión es una de las 8 áreas que conforman la rueda de la vida y por lo tanto, le debes prestar especial atención. Por ejemplo: si te divierte ir al cine, al teatro, a un recital o a la cancha a ver a tu equipo favorito, aprovecha y hazlo acompañado, de esta manera matas 2 pájaros de un tiro.

Las relaciones y la diversión son partes muy importantes en tu vida y muchas veces no le damos la prioridad necesaria. Es por ello que te recomiendo tener un presupuesto para tus relaciones, contactos, diversión y cumplirlo. Asignar un 7,5% al 10% en este rubro es muy saludable.

El problema nunca es la diversión, el problema es el equilibrio. No es bueno que te quedes siempre en tu casa, aunque tampoco lo es que salgas a divertirte todo el tiempo, esto va a afectar negativamente otras áreas importantes, como el dinero, la salud, el trabajo, la familia, etc.

Es vital que siempre busques un balance en todas las áreas de tu vida, procura siempre que estén en una sana armonía.

Descansa

La exigencia se ha transformado en el nuevo mal de la

modernidad, nada parece ser suficiente, siempre falta algo, es un ejemplo fiel de la mentalidad de la escasez. Si has cumplido tus objetivos, estos podrían haber salido un poco mejor, si has cometido un pequeño error en algún entregable, todo parece haber sido un fracaso. Te exiges y exiges a los demás hasta el agotamiento. Debes trabajar y trabajar hasta que todo quede perfecto, si no, no estás en paz. Parar y tomarte un descanso es un privilegio que no te puedes dar.

Está comprobado que parar y descansar es tremendamente necesario. Los beneficios a tu salud son enormes, es una de las claves para evitar el stress, te re energiza, reequilibra y renueva.

La primera propuesta que te traigo es bien simple y sencilla, se refiere a tu respiración. Un gran hábito que puedes adquirir es que definas 2 o 3 momentos en el día para dar 3 respiraciones profundas, sí, solo 3 simples respiraciones. Por ejemplo: la primera puede ser antes de levantarte de tu cama, la segunda antes de ingresar a la oficina y la tercera antes de ingresar a tu casa. Lo importante es que te tomes este tiempo para parar, para desconectarte por unos segundos de tu corriente de pensamientos, de repente te vas a empezar a dar cuenta que te sientes más relajado y tranquilo. Esto te va a ayudar para salir del torbellino diario e ir un poco más despacio. Esta técnica es simple pero poderosa y si la aplicas regularmente te va a servir fuertemente para mejorar tu vida.

Adicionalmente a la respiración, existen tres tipos de pausas que te quiero compartir:

Pausas Activas: es de suma importancia que en tu rutina laboral te comprometas a realizar pausas durante el día. Hay personas que trabajan de corrido, piensan que haciéndolo son más productivas, pero el precio que pagan en el largo plazo es muy alto. Mi recomendación es que como mínimo realices una pausa de 15 minutos por la mañana y una por la tarde.

Pablo era un compañero de trabajo súper eficiente, esa clase de personas que las grandes compañías aman ya que no paran de trabajar ni un minuto. Recuerdo que una vez precisábamos ir a una reunión en otra sede de la empresa que quedaba a unos 15 minutos de distancia, fuimos juntos en mi auto, y al arrancar veo que saca su computadora de su mochila, la enciende y comienza a trabajar y me comenta 'Preciso enviar un correo urgente'.

Es fantástico que seas responsable en tu trabajo, aunque necesitas ser responsable también de tu salud, si no paras, tu capacidad de trabajar puede mermar fuertemente en el mediano plazo.

Día Libre: el segundo descanso corresponde a tomarte un día libre. Es un muy buen hábito que no solemos hacer y es clave para tu bienestar.

Luego de algún período intenso de trabajo es saludable que te pidas un día solo para descansar y renovarte, si no lo haces, en el mediano plazo lo vas a empezar a sentir. En mi rol de gerente financiero en una gran multinacional, teníamos cierres trimestrales y estos eran realmente fuertes, era normal salir del trabajo a las 10 u 11 de la noche, como así también, trabajar sábados y domingos.

A veces los cronogramas son exigentes y están fuera de nuestro control, lo que si se encuentra en nuestra área de influencia es pedirnos un día libre luego de estos esfuerzos extraordinarios, para de esta manera, recuperar energía y poder recargar las baterías.

Vacaciones: el tercer y último descanso que te propongo es que te tomes vacaciones religiosamente cada año. Nada nuevo bajo el sol, pero muchas veces lo demoramos, he conocido a compañeros de trabajo que llevaban esto al límite, tenían acumulados más de 100 días de vacaciones, algo tremendo mires por donde lo mires, imagínate el impacto que esto tiene en el rendimiento de estas personas. Tomarte vacaciones es algo espectacular y fuertemente necesario, es clave que te des un merecido descanso y así vuelvas renovado, por algo son un derecho legal. La única contraindicación que tienen es el costo que te pueden conllevar. Es por ello, que debes ser muy cauto en este tema y no tomar una decisión a la ligera. Es muy normal que la gente se endeude para irse de vacaciones o se gaste todos los ahorros que con tanto esfuerzo pudieron generar durante el año. Si bien te mereces unas buenas vacaciones, gastar todas tus reservas del año en 1 o 2 semanas no parece ser la decisión más inteligente que puedas tomar.

Todo está relacionado, y muchas veces sucede que al no tomarte pausas activas y días libres durante el año, te sientes tan agotado que tiras la toalla y dices, 'He trabajado como un burro todo el año, merezco unas espléndidas vacaciones'. Entonces, realizas la reserva en el 'All Inclusive' y sacrificas meses de ahorro. Antes de tomarte unas lujosas vacaciones siempre pregúntate ¿Cuántos meses de trabajo necesito para pagarlas?

Acostúmbrate a no sacrificar tu meta de ahorro por irte de vacaciones, ten un monto separado para descansar, un valor saludable es del 7,5% al 10% de tu presupuesto anual. De esta manera recorres, descansas, te diviertes y cuando vuelves no te agarra un ataque de pánico al ver la tarjeta.

Disfruta

'Quien desatiende la verdad en las pequeñas cosas no puede estar a cargo de las cosas importantes' Albert Einstein.

Como te comenté antes, la mayoría de los gastos que

realizas no son necesarios y si bien es clave no comprar cosas que no aporten nada a tu vida, también es sano que te des pequeños gustos.

La felicidad se encuentra en las pequeñas cosas y un gran hábito es que las empieces a disfrutar y a agradecer cada día. Si no, la vida se torna un sacrificio constante y todo se hace cuesta arriba.

Es por ese motivo que el quinto ítem de tu presupuesto personal es para darte estos placeres, ten un monto disponible del 2,5% para mimarte, para regalarte esas cosas que tanto te gustan: un rico chocolate, un buen té o café, un helado, un libro, una cerveza helada, una película, ir al teatro, etc. y lo más importante es que estés presente mientras lo haces y lo disfrutes al máximo posible.

Ejercita

Está comprobado científicamente que hacer ejercicio genera enormes beneficios en tu vida y no solo te ayuda en el aspecto físico, sino que también lo hace en varias áreas de la misma. Esta actividad es considerada como un hábito fundamental, dado su impacto extensivo. Te quiero compartir un muy interesante experimento que se realizó en los Estados Unidos sobre este tema: se seleccionaron una serie de escuelas de ese país y en ellas establecieron que los estudiantes realicen una rutina de ejercicios de 30 a 45 minutos diarios. Luego de unos meses de realizar ejercicios, los resultados fueron verdaderamente sorprendentes. En primer lugar, bajaron fuertemente los niveles de obesidad de los niños, este resultado no es nada fuera de lo común, en verdad, era esperable, aunque otros sucesos novedosos también ocurrieron, por ejemplo, se redujeron los niveles de violencia, parecería que canalizar la energía en el deporte hizo que los alumnos fueran menos agresivos con sus pares. Adicionalmente y como corolario, los alumnos que se sometieron a esta experiencia, sacaron mejores notas en las evaluaciones, es decir, que mejoró sustancialmente el rendimiento académico. Es por esto, que te propongo que tengas un presupuesto para hacer ejercicios, puedes destinar entre un 2% a un 5% para este ítem. Existen también opciones gratis para hacer esto, por ejemplo, puedes andar en bicicleta, correr o simplemente ir a caminar, te aliento a elegir entre alguna de estas opciones o cualquier otra que se te ocurra, las variedades son infinitas, y lo bueno es que no necesitas en sí gastar dinero para hacer ejercicio, el motivo de tener un presupuesto separado para esto, es que le puedas dar visibilidad y la prioridad que se merece en tu vida y de esta manera, puedas disfrutar de sus probados beneficios.

Ayuda

Además de los ítems que revisamos en tu presupuesto personal, existe otro punto que debes considerar y este es 'Ayudar a los demás', este ítem si bien lo recomiendo enérgicamente, el monto lo dejo como opcional, tú lo debes definir, dado que va a depender en que situación inicial te encuentres. Pero siempre es altamente saludable que separes un pequeño porcentaje de tu presupuesto y lo utilices para ayudar a los demás. Puedes empezar con muy poco, solamente unas monedas pueden servir mas de lo que te imaginas.

Hacer esto te genera un beneficio múltiple, por un lado, con el hecho de dar, estás ayudando a personas que realmente lo necesitan y esto por sí mismo es algo inmensamente valorable, pero por otro lado, al realizar una donación, te das cuenta de que te encuentras en una situación de privilegio, que existen miles de personas que darían todo por estar en tu realidad, hacer esto te va a poner en un estado emocional óptimo y este es clave para conseguir todos tus objetivos financieros.

Además de realizar donaciones, una enorme estrategia es gastar dinero en los demás, el libro 'Happy Money' de Elizabeth Dunn y Michael Norton, fundamenta que, contrariamente a lo que podrías imaginar, te genera mayor nivel de bienestar el comprar algo para otra persona que para ti mismo, sí, así como lo oyes. Para comprobar esto, realizaron un inusual experimento. Este consistía en darle a la gente 5 dólares con las siguientes instrucciones: a un grupo le proponían gastarlo en ellos mismo, como comprarse un café o pagar sus cuentas, mientras que al otro le indicaban que debían usarlo para comprar algo para alguien mas, este podía ser conocido o no. Al final del día, les preguntaron cómo se sentían y los de este último grupo fueron los ganadores por varios cuerpos de ventaja.

Este es un de los motivos por el cual a la gente le encanta hacer regalos, cuando regalas algo, el que más disfruta eres tú. El mejor ejemplo es el de los abuelos que aman hacerles regalos a sus nietos, disfrutan por el solo hecho de verlos felices. Entonces, la próxima vez que vayas a la cafetería, en vez de comprarte algo para ti, puedes comprarle también algo a tu compañero de oficina y cuando lo hagas, observa la reacción que tiene al recibirlo y también observa cómo te sientes al momento de hacerlo. Gastar dinero en los demás es fantástico y te va a generar un doble impacto: por un lado vas a sentirte muy bien al hacerlo y como plus, tus relaciones van a mejorar notoriamente. Claramente, no te estoy proponiendo que gastes un dineral en esto, ni que lo hagas todo el tiempo (debes evitar que se haga costumbre, esto lo vamos a ver en detalle más adelante), pero si eres como la mayoría, lo normal es que poquísimas veces gastes en los demás y te estás perdiendo una oportunidad inmensa para mejorar tu vida.

Gastos Generales

El mayor rubro de gastos son los que tienes en el día a día. Estos pueden ser: transporte, seguros, expensas/condominio, servicios, alimentación, alquiler, colegio y la lista puede ser interminable. Normalmente, llegan a ser más del 50% de tu presupuesto. Aquí tienes muchísimo camino por recorrer y por eso, nos vamos a enfocar a fondo en este tema. Si no tienes un control total de estos gastos, tu dinero, literalmente, se te va a evaporar y ni te vas a dar cuenta donde se ha ido. En el capítulo 'Consume en forma efectiva', te voy a compartir 15 hábitos altamente saludables y fundamentales para que comiences a aplicar de inmediato. Estos te van a permitir economizar de manera efectiva sin sacrificar un gramo tu calidad de vida.

Un ítem a destacar dentro de este rubro son tus gastos extraordinarios, porque puede ocurrir que estés muy entusiasmado con tu plan financiero, ya que vienes cumpliendo todos tus objetivos en forma impecable. Mes a mes todas las áreas están balanceadas y de repente aparece ese gasto extra, algo que no habías contemplado, algo se rompe y ahí viene la debacle, te frustras y tiras todo por la borda, ahora te es imposible alcanzar tus metas.

No te preocupes porque lo vamos a resolver. Tienes que saber, que los gastos extraordinarios se definen así porque no sabes cuándo van a suceder, pero ten la seguridad de que en algún momento del año vas a tener algún contratiempo. Nadie te puede garantizar qué electrodoméstico, etc. se te va a romper, aunque en un año es natural que alguno lo haga. Entonces, la propuesta es que contemples esto en tu presupuesto. Es muy útil que destines entre un 3% a un 5% para solventar dichos percances. De esta manera, cuando eventualmente surjan, puedes respirar hondo, contar hasta diez y mantener la calma, como ya los tenías en el radar puedes seguir con tu plan sin ningún tipo de sobresaltos.

EL PODER DE LA INVERSIÓN

'El máximo mandamiento de los ricos es INVIERTE, el del resto de la gente es CONSUME'. Yuval Noah Harari

Como vimos en la sección de presupuesto personal, ahorrar es el primer paso que precisas dar, aunque no te puedes dar el lujo de quedarte ahí. Pero antes de seguir avanzando en este tema te quiero explicar brevemente cuales son las 3 funciones primarias del dinero.

1- **Medio de cambio**: esta primera función permite que puedas adquirir bienes y servicios mediante su uso. En la antigüedad los intercambios comerciales se realizaban mediante el trueque, ese sistema era realmente muy primitivo y generaba enormes costos de tiempo y esfuerzo para realizar cada transacción. Poder comprar cualquier bien con dinero genera grandes eficiencias en la economía, hace que el comercio fluya mucho más rápido y mejor.

2- **Unidad de Cuenta**: esta segunda característica quiere decir que el dinero debe servir para medir los valores de una economía. Si te pones a pensar, actualmente, todos los bienes y servicios se encuentran valuados en dinero, es decir, tienen un precio monetario. Un kilo de fruta cuesta $5, un par de zapatos cuesta $40, etc. Esto facilita enormemente las transacciones. En el pasado debe haber sido muy difícil realizar intercambios, imagina un zapatero y un agricultor intentando hacer una operación ¿Cuántos kilos de fruta equivalían a un par de zapatos? ¿Cómo hacían para medirlo? ¿Cómo se ponían de acuerdo?

Cada intercambio necesariamente requería una negociación independiente y esto generaba un gran consumo de tiempo.

3- **Reserva de Valor**: finalmente esta última función del dinero es la que establece que desde el momento que cobras hasta el momento que consumes no debes perder capacidad de compra o poder adquisitivo. Y es en esta última característica en la que me quiero enfocar ahora.

Si bien el dinero es una reserva de valor, no es la única ni es la mejor. Debes saber que el dinero que tienes en tu bolsillo o en debajo del 'colchón', no te genera ningún tipo de retorno, no se encuentra remunerado, es más, si no lo inviertes, cada año vas a estar perdiendo poder adquisitivo por causa de la inflación y esto es así en cualquier moneda. En las llamadas monedas débiles esto es muy evidente, y más en períodos de alta inflación o de hiperinflación, mantener dinero en esos momento es literalmente un suicidio financiero. Aunque, si tienes dólares, ten en cuenta que la FED (Banco Central de Estados Unidos) tiene como meta una inflación del 2% en forma anual. Esto quiere decir que en 5 años vas a perder más del 10% de poder de compra si te quedas en dólares físicos. Para que te des una idea te doy el siguiente ejemplo: si con 10 dólares hoy compras 10 chocolates dentro de 5 años vas a poder comprar 9 o menos.

Es por este motivo que la inversión es clave. Debes invertir en algún instrumento que te genere un rendimiento y que tenga un riesgo adecuado en relación a tu perfil.

Ahora volvamos al ejemplo de la sección de ahorro, ¿Recuerdas? Tenías un ingreso de $1,500 en forma mensual, pero ahora, ese monto lo inviertes a una tasa del

5% anual. En 10 años obtienes la suma de 23,000 dólares aproximadamente. Esto representa más de 15 meses de ingresos. Es decir, podrías no trabajar por más de un año y mantener el mismo estándar de vida.

Ahora bien, que sucede si haces lo mismo pero ahora por 20 años, el monto supera los 62,000 dólares, si lo haces por 30 años, se transforman en más de 125,000 dólares y en toda tu vida laboral, es decir en 40 años, llegas a una cifra cercana a los 230,000 dólares. Esto corresponde a aproximadamente a 153 salarios (12 años aprox.).

Ahora vamos a soñar un poco más, imagínate que tu dinero lo logras invertir ya no a un 5%, sino, a un 10% anual. Los montos a 10, 20, 30 y 40 años se transforman aproximadamente en los siguientes valores: USD 31,000 (21 salarios), USD 115,000 (77 salarios), USD 342,000 (228 salarios) y finalmente en la asombrosa suma de USD 956,000 dólares (638 salarios – 49 años aprox.).

Cada dólar que inviertes se convierte en tu 'Colchón de libertad financiera'. Cuanto más crece este, más libre eres, así de simple.

¿Qué sucede si en algún momento no sabes en que invertir? Lo mejor que puedes hacer en ese caso, es invertir en formación. Cuanto más sabes, mayores oportunidades de inversión se te van a abrir.

Modelo de Inversión

El mundo de las inversiones es fascinante aunque no es un tema para tomarlo a la ligera, existen muchas cosas que debes tener en cuenta, porque si bien es clave que inviertas tu dinero, si no lo haces en forma correcta puede ser contraproducente, puedes llegar a perder lo que has conseguido con tanto esfuerzo. Por ello es fundamental que tengas en cuenta ciertas reglas básicas que te van a ayudar en este tema, a estas reglas las llamo 'El modelo de inversión'.

MODELO DE INVERSIÓN

No inviertas en algo que no conozcas

'Lo que sabes es tu principal riqueza, lo que no conoces tu mayor riesgo'. Robert Kiyosaki

El camino al fracaso financiero es invertir en algo que no conoces, muchas veces invertimos porque alguien nos comenta algo o porque está de moda algún activo, etc. Tienes que tener en cuenta que cuando un activo está en boca de todos, generalmente, no es un buen momento para entrar, ya es demasiado tarde.

Una de las máximas de los inversores profesionales es que siempre inviertas en algo que conozcas, si no, ¿Cómo vas a saber cuándo comprar o cuándo vender? Si está barato o si esta caro.

Adicionalmente, cada inversor tiene un perfil de riesgo diferente, no es lo mismo una persona joven que un adulto, un soltero que un casado, etc. Es por eso que una inversión que le resulta atractiva a un amigo tuyo quizás no sea ideal para tu perfil. Hay gente que es más arriesgada y otros más conservadores.

La propuesta es que te conviertas en inversor, conozcas tus preferencias y averigües las mejores opciones para ti. Hay muchísima información disponible, aprovéchala al máximo.

Asesórate siempre

Las personas exitosas pagan por asesoramiento, contratan especialistas, contratan a gente que conozca más que ellos. Están rodeados de los mejores abogados, contadores, economistas, financieros, etc. Esto genera una actitud de aprendizaje permanente. Si crees que lo sabes todo, te cierras al aprendizaje.

También, debes elegir con mucho cuidado a quien le prestas atención. A la mayoría de la gente le encanta dar consejos, hacer esto es muy fácil. Otras veces, depositamos nuestra confianza en gente que es reconocida en un tema particular y le pedimos consejos en temas que escapan a su ámbito y encima los tomamos como verdades absolutas. Esto se da mucho con familiares, y en particular con tus padres, es normal que les preguntes en qué invertir, aunque normalmente, ellos nunca se han formado en finanzas.

Es por ello que debes asesorarte sólo por expertos en cada tema y más aún cuando hablamos de un rubro tan sensible como el financiero. Existen muchísimos profesionales que te pueden asesorar, elige al que más confianza te genere y benefíciate de su experiencia.

REL

Existen 3 factores fundamentales que la mayoría de las personas no tienen en cuenta a la hora de invertir y estos 3 ítems influyen de manera dramática en tus resultados financieros. Estos 3 factores son: Riesgo, Costos de entrada / salida y Liquidez. En esta sección te propongo revisar en detalle cada uno de ellos.

Riesgo

Al momento de invertir, el común denominador de la gente es hablar de rendimiento o de retorno, es decir, cuánto voy a ganar en una inversión determinada. Aunque, no es tan común escuchar que la gente hable de riesgo. Para los inversores profesionales la palabra riesgo y rendimiento tienen el mismo peso, es decir que no puedes evaluar ninguna inversión sin pensar en estos 2 componentes al unísono.

En estos días el activo que está de moda es el 'Bitcoin'. El bitcoin es una moneda 'virtual', la cual no se encuentra respaldada por ningún Banco Central ni por ninguna ley. Si bien ha dado rentabilidades impresionantes en los últimos tiempos, el riesgo de este activo es fenomenal, es normal que su cotización fluctúe un 10% o 15% en forma diaria. Lo cual lo transforma en una bomba de tiempo.

Es por eso que mi recomendación es que cada vez que inviertas te hagas las siguientes preguntas: ¿Conozco el nivel de riesgo de este activo? ¿Estoy dispuesto a asumir el riesgo que esta inversión tiene? Si la respuesta es no, no debes invertir en ese activo, por más atractiva que sea su rentabilidad. Te vas a ahorrar un enorme dolor de cabezas.

Costos de Entrada / Salida

Debes tener en cuenta, que casi todas las inversiones

poseen costos de entrada y salida. En la jerga 'costos de transacción'.

Estos costos son el dinero que debes pagar para ingresar y salir de cada inversión. El ejemplo por excelencia son las comisiones que pagas. Una inversión clásica como los bienes raíces, tienen costos de entrada y salida muy elevados, estos costos incluyen las comisiones que cobran las inmobiliarias, las comisiones que cobran los escribanos, los impuestos, los costos administrativos, etc. Por otro lado, los depósitos bancarios a término (o Plazo Fijo) en general no tienen ningún tipo de comisión.

Es por ello que antes de realizar cualquier inversión, debes evaluarla en forma inteligente, identificando cual va a ser tu ganancia descontando dichos costos. No vaya a ser que al final del día, pierdas dinero. Siempre averigua cuales son los costos de salir de una inversión, haciendo esto evitas llevarte una desagradable sorpresa una vez que hayas invertido.

También, debes tener en cuenta que cuantas más transacciones realizas, más costos de transacción vas a generar. Hay estudios que afirman que los inversores que más transacciones hacen son los que menos ganan, eso sí, sus agentes de bolsa o banqueros están felices por las suculentas comisiones que le estás aportando. La estrategia contraria es lo que se llama Buy&Hold, (comprar y mantener en el tiempo), en este caso te evitas enormes costos de transacción.

Liquidez

Otro factor clave que es prácticamente olvidado cuando se habla de inversiones es el tema de liquidez. Es decir, cuan disponible está tu dinero en caso que lo necesites. Sin lugar a dudas, la liquidez es fundamental y debe tener un peso importante a la hora de evaluar en donde invertir tu dinero.

Volvamos a los ejemplos anteriores: las inversiones en bienes raíces además de tener altos costos de entrada / salida, tienen una liquidez muy baja. Es decir, desde el momento que decides vender hasta el momento en que obtienes el dinero pueden pasar meses y si estamos hablando de propiedades importantes, no es extraño que tardes más de un año en concretar la operación. Por el lado de los depósitos a plazo, estos también conllevan tener inmovilizado tu dinero por el plazo del contrato, lo normal es que estos se fijen en 30 días.

Actualmente, existen fondos de inversión que 'liquidan' tu operación dentro de las 24 horas. Por otro lado, la compra / venta de acciones y bonos tienen también plazos cortos de liquidación, esto depende de cada país, pero es habitual que estos sean menores a 72hs.

Ahora bien, que una inversión tenga baja liquidez no quiere decir que la debas descartar de raíz. Por ejemplo, si tienes un sobrante de dinero y no piensas utilizarlo durante años, seguramente la liquidez no sea un factor determinante, pero si no estás seguro de si vas a precisar el dinero o no, hacer este tipo de análisis es de vital importancia y en ese caso debes tomar la decisión haciendo un balance adecuado entre rentabilidad y liquidez.

Muchas veces la decisión más acertada es sacrificar retorno en pos de ganar liquidez. Lo que no debes hacer por nada del mundo es quedarte líquido sin invertir, si haces esto, estás literalmente perdiendo dinero. Tienes ahí un costo de oportunidad enorme. Si no sabes en que invertir, lo más recomendable es hacerlo en fondos de inversión llamados 'Money market', cualquier banco presta este servicio. Estos fondos, suelen 'liquidar' las operaciones dentro de las 24hs.

Cada vez que realizas una inversión financiera, lo que

estás haciendo es insertar dinero en la economía, al final del día, estás prestando dinero a alguien que utiliza esos fondos para realizar algún emprendimiento que genera riqueza. El dinero es energía y nada peor que dejarlo estancado sin generar ningún valor para ti y para los demás.

Limita tus pérdidas

Finalmente, te decides a comprar acciones en la bolsa de comercio, después de analizar todas las opciones, eliges a la empresa 'XYZ' que cotiza a $10 por acción. A la semana miras la cotización y está en $9 y tú piensas 'La voy a mantener porque seguro que recupera su valor', cinco días después está en $8, y te dices lo mismo, al mes está en $5 y ahí entras en pánico y la vendes.

Este ejemplo no es para nada fuera de lo común, es algo habitual en las inversiones, y para que esto no te suceda, por suerte existe una herramienta fundamental que se usa en las inversiones financieras y se la denomina Stop Loss o Limitar las Pérdidas.

Es un concepto muy simple, al momento de comprar un activo financiero, debes definir cuál es el precio mínimo que estás dispuesto a que baje tu acción y marcar esa opción en la plataforma de tu agente o broker. Si el activo llega a ese precio se produce una venta automática.

En el ejemplo anterior, imagina que definiste un Stop Loss de $9, si compraste la acción a $10 y esta baja a $9 (un 10%), automáticamente, el sistema vende tus acciones y tu pérdida máxima es de $1 por acción (un 10% más las comisiones implicadas).

De esta manera, te aseguras un límite de pérdida y lo más importante, te evitas una taquicardia. Además, hace que tus inversiones sean más racionales y menos emocionales, cuando un activo baja, las emociones toman el control y quien sabe que decisión puedes tomar en 'caliente'.

Esto no se limita a las inversiones financieras, lo puedes aplicar en inversiones de la economía real, por ejemplo puedes limitar la cantidad a invertir en algún negocio, así evitas endeudarte o poner más dinero de lo previsto. Un ejemplo muy gráfico se da en los casinos, los jugadores profesionales establecen de antemano cuanto es su máxima pérdida, y cuando llegan a ese valor se retiran, saben que ese es el momento en que las emociones nos toman de rehén y si no te controlas eres capaz hasta de hipotecar tu casa.

Somos seres emocionales y por ese motivo precisamos tomar todos los recaudos al momento de invertir y de este modo evitar perder el control.

Compra contra la corriente

Una de las maneras más seguras de aumentar tus ingresos es realizar inversiones contra la corriente. Es una regla extremadamente fácil, cuando todos venden puede ser una gran señal de que es el momento oportuno de entrar y cuando todos compra es la hora de salir.

Esto funciona por un factor emocional, las personas normales piensan de la siguiente manera: cuando las cosas van bien, gastan más porque asumen que va a seguir yendo bien eternamente y cuando las cosas van mal dejan de consumir porque piensan que solo puede ir peor, entonces, lo que sucede es que se profundizan tanto los ciclos positivos como los negativos.

Tienes que saber que la economía se mueva en ciclos. Luego de un ciclo alcista normalmente, le va a seguir uno bajista, y luego de uno bajista, nuevamente, debería aparecer otro alcista y así sucesivamente, esto genera momentos de euforia en donde se experimentan precios máximos y todos quieren comprar, es en ese momento donde entras en la zona de máximo riesgo, porque la corrección es inminente. Habiendo dicho esto, también existen momentos de crisis, cuando los precios están por el piso, es así donde se encuentran las mayores oportunidades.

Los inversores conocen esto muy bien y cada vez que hay una crisis ven una oportunidad. Un gran ejemplo fue la crisis que hubo en Argentina en el año 2001. Donde los depósitos privados fueron 'retenidos' por el gobierno, generando una crisis social sin precedentes. El valor de las propiedades se derrumbó en forma dramática, los compradores, literalmente, se desvanecieron. Los inversores profesionales vieron aquí una enorme oportunidad y muchos se volcaron a comprar bienes raíces, en menos de cinco años triplicaron el valor. El mismo patrón sufrieron las acciones bursátiles, en un par de años las ganancias fueron extraordinarias.

CICLO ECONÓMICO

Crisis siempre van a existir, es algo normal en las economías, la próxima vez, intenta mantener la mente fría y antes de entrar en pánico pregúntate: ¿Cómo actuaría Warren Buffett en esta situación? ¿Qué oportunidades se abren en este momento que no estoy viendo?

Diversifica

Una de las máximas en el mundo de las inversiones es que diversifiques, seguramente, habrás escuchado el famoso dicho 'No pongas todos los huevos en una misma canasta'.

Cada vez que inviertes estás expuesto a 2 tipos de riesgos a la vez, el primero se llama riesgo sistémico, y este tiene relación a eventos que desencadenan un impacto generalizado en la economía, es decir, que impactan a la mayoría de los activos a la vez. Por ejemplo, cuando un país entra en default o es alcanzado por una catástrofe natural, es normal que todos los activos de ese país disminuyan su valor. Se produce una caída generalizada y es muy difícil poder escapar de ella.

Pero existe un segundo riesgo y este se llama riesgo específico, este es el riesgo inherente a cada activo, por ejemplo, si inviertes en una acción de una empresa específica, te estás 'comprando' el riesgo que tiene esa empresa, es decir, si a esta le va mal por el motivo que sea, tú te perjudicas.

Al diversificar estás intentando disminuir este último riesgo, siempre vas a estar expuesto al primero, aunque actualmente existen ciertos instrumentos muy sofisticados para mitigar su impacto.

Volviendo al tema de diversificación, si bien muchos saben que hacer esto es muy sano, generalmente, no tienen del todo claro en qué invertir ni cuál es la proporción óptima. Para esto te traigo una regla ancestral que se denomina 'Regla de los tercios', la cual implica que tus inversiones se deben repartir de la siguiente manera:

1 – El primer tercio lo debes invertir en bienes raíces. Si bien estos te ofrecen un bajo retorno, el riesgo que asumes es normalmente bajo y además, estos activos suelen valorizarse a través de los años. Es una gran inversión pensando en el largo plazo.

2 – Tu segundo tercio lo debes colocar en negocios, en lo que llamamos economía real. Cuando inviertes en un emprendimiento, el nivel de riesgo que asumes es mucho mayor, aunque si eres exitoso, los retornos pueden ser muy atractivos y si no te va del todo bien, te aseguras de no perder todos tus ahorros.

3 – Finalmente, tu último tercio precisas invertirlo en activos con alta liquidez. Para esto nada mejor que los activos financieros: bonos, fondos de inversión, depósitos a término, ETF, etc. Estos activos te permiten, en caso de necesitarlo, acceder a tu dinero en forma rápida. Además, tener dinero disponible es clave en momentos de oportunidad, si estas 100% invertido, no vas a contar con capital para poder aprovecharla.

Lo que realmente me encanta de esta regla es que generas una excelente mezcla entre riesgo y rendimiento, también combinas activos de la economía real con activos financieros y a su vez activos líquidos e ilíquidos. A esta regla la podemos tomar como la proporción áurea de las inversiones.

REGLA DE LOS TERCIOS

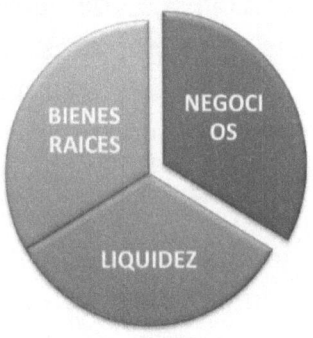

Crea sistemas

'El tiempo es el recurso más preciado y escaso que tienes, úsalo sabiamente'.

Generalmente, pensamos que para obtener resultados necesitamos estar físicamente todo el tiempo en nuestro negocio. Existen muchas creencias al respecto 'El ojo del amo engorda el ganado', 'La gente no es de fiar', 'Si no lo hago yo, no lo hace nadie'. Entonces, pasamos horas y horas en nuestro emprendimiento y terminamos trabajando más de 12 horas por día y con el tanque de energía vacío.

Una estrategia totalmente opuesta es crear sistemas para que tu negocio funcione sin ti: crea equipos, crea un sistema de gestión, crea procesos, checklists, manuales de procedimiento, controles, delega en forma efectiva, etc.

Además, tú debes estar donde más valor aportas, si estás en la operación todo el tiempo, difícilmente tu negocio pueda crecer ¿Cuándo vas a definir la estrategia? ¿Cómo vas a conseguir nuevos clientes? ¿Cuándo vas a analizar que está funcionando bien y qué debe ser corregido? ¿Cuándo vas a mejorar los procesos?

Andrea es una de las personas que tiene asistencia casi perfecta a nuestros talleres de liderazgo y es una emprendedora exitosa, su ejemplo es ideal de creación de sistemas. Actualmente, es la directora de una consultora de idiomas, brindando servicios a distintas organizaciones. Ella tuvo este tema claro desde el comienzo, se dijo 'La única manera que tengo para poder crecer es delegando'. Casi sin inversión pasó de dar clases particulares a dirigir una empresa que actualmente cuenta con más de 30 profesoras y presta servicios en las principales ciudades del país. Y ella se dedica a lo más importante: por un lado, conseguir y mantener clientes y por el otro, generar procesos para garantizar la calidad del servicio.

Si continuas con la creencia que debes estar presente todo el tiempo, se te van a cerrar muchas posibilidades. Ten en cuenta que tu tiempo es lo más preciado que tienes y este es limitado, no puedes estar en más de un lado a la vez.

Libertad Financiera

Cuando comienzas a practicar el modelo de inversión en forma recurrente, tus inversiones cada día van a ser mayores y por lo tanto, te van a generar ingresos más y más importantes mes a mes. Tu objetivo es que estos ingresos sean iguales o superiores a tus gastos corrientes, en ese momento es cuando finalmente logras tu ansiada libertad financiera, es en ese preciso instante en donde ya no necesitas trabajar para poder vivir, a esta situación la vamos a llamar tu 'Punto de Riqueza'.

CONSUME EN FORMA EFECTIVA

Ley de Parkinson

'A medida que creces tus 'juguetes' se hacen cada vez más caros'.
Robert Kiyosaki

Existen muchísimas personas que literalmente no pueden ahorrar, no importa lo que ganen, pareciera que nunca les alcanza, de repente, aparece ese aumento de sueldo o promoción tan esperado que promete sacarnos de esta situación angustiante y sin embargo, en poco tiempo estamos envueltos en deudas nuevamente y vuelta a empezar.

Si te ha pasado esto o conoces a alguien así, ahora vas a descubrir el motivo. Este fenómeno se debe a una famosa ley, esta se llama 'Ley de Parkinson' y establece lo siguiente: Tus gastos se expanden hasta alcanzar tus ingresos. Es una ley natural que se da en forma automática y por ese motivo es tan poderosa. Te doy un ejemplo: si tú ganabas $1,000 y gastabas $1,000, y de pronto, tienes una promoción en tu trabajo que hace que tus ingresos aumentan a $1,200, en poco tiempo vas a gastar $1,200. Vas a sumar esa nueva suscripción que tanto querías, vas a cambiar tu auto y a pagar mas por seguro, impuestos y mantenimiento, vas a almorzar en lugares mas costosos, etc.

LEY DE PARKINSON

Pero el caso típico de este comportamiento se da en el aguinaldo o décimo tercer salario. Normalmente, ni bien es cobrado es gastado casi en forma inmediata por la mayoría de las personas y muchas veces es gastado antes de cobrarlo. Es decir, nos adelantamos.

Debes estar muy consciente de esta ley y cortar sus efectos, pues estos son como una fuerza invisible. Piensa lo siguiente: si puedes vivir tranquilamente con $1,000, continua con ese nivel de gastos, no hay ninguna razón para aumentarlos.

Cada vez que obtengas ingresos extra, lo debes ver como una oportunidad para realizar una inversión y no para expandir tus gastos. Si no tienes autocontrol, estos se van a agrandar en forma infinita, es así de simple. Un ejemplo de esta ley que seguramente conoces muy bien se da en algunos jugadores de fútbol que de la noche a la mañana se hacen millonarios, los observas en las revistas con autos lujosos y en grandes fiestas, pero no es raro que en unos años hayan dilapidado toda su fortuna y se queden sin absolutamente nada.

Es por eso que siempre debes recordar al gran Parkinson y su asombrosa ley.

Frugalidad

'Cada vez que compres algo, piensa que lo estás comprando con el tiempo de tu vida que precisaste para ganar ese dinero. Todo lo que compras lo pagas con vida. Cuida muy bien lo que compras, cuida más tu vida.' Pepe Mujica

En su autobiografía, Benjamín Franklin, nos regala 13 virtudes que considera fundamentales para tener una vida próspera. Una de ellas tiene relación con tus consumos y la denomina 'Frugalidad', según sus propias palabras, la misma significa 'No realices gastos salvo que generen el bien en los demás o en ti. No derroches'.

¿Sabías que más del 50% de los consumos que realizas no son necesarios?, son gustos que te das, caprichos, pero de ninguna manera necesarios, es decir, podrías vivir tranquilamente sin realizarlos.

Para confirmar esto, te invito a que hagas el siguiente ejercicio: anota los últimos 5 consumos que hayas realizado y al lado escribe si fueron realmente necesarios o no y si no lo fueron, hazte las siguientes preguntas: ¿Para qué lo consumo?, ¿Cuál es el motivo?

Benjamín Franklin tenía un hábito fantástico de autoobservación: todos los días se pasaba 10 minutos revisando si había cumplido cada una de sus '13 virtudes', y lo que hacía era enfocarse cada semana en una en particular, de esta manera, semana a semana, cada virtud quedaba incorporada en su vida y una vez que esto ocurría pasaba a la próxima. En el término de 3 meses había integrado todas a su vida, aunque no se quedaba ahí, luego comenzaba de nuevo y continuaba así con el ciclo.

Te invito a que lo pongas en práctica, y que comiences con la Frugalidad, es una herramienta fundamental para tu desarrollo personal.

*Las 13 virtudes son (Templanza, Silencio, Orden, Determinación, Frugalidad, Diligencia, Sinceridad, Justicia, Moderación, Limpieza, Tranquilidad, Fidelidad, Humildad).

HÁBITOS DE CONSUMO SALUDABLES

Sustituye gastos

El primer hábito que te traigo tiene el potencial de generarte enormes beneficios. La receta es simple, empieza a sustituir gastos. Muchas veces te sucede que tienes un desembolso que por algún motivo no lo puedes o no lo quieres dejar. Generalmente porque valoras ese producto o servicio y este genera un aporte importante a tu experiencia diaria.

Cuando tengas este tipo de gasto recurrente y decidas mantenerlo, siempre piensa en cómo puedes hacer para modificarlo. Te doy algunos ejemplos: en vez de ir en auto al trabajo piensa en ir en autobús o en bici. En vez de tener el pack 'Premium' de tu cable, verifica si puedes elegir un plan 'básico' u otro de menor precio de la competencia. Si usas sólo el auto los fines de semana, evalúa si te conviene tenerlo o venderlo y comenzar a utilizar buses, taxi o Uber.

El tema del auto es un caso especial, todos amamos nuestro auto, pero hazte la siguiente pregunta: ¿Cuánto es el porcentaje de la semana que realmente lo usas y cuál es el porcentaje en que está estacionado? Si eres como la mayoría, el porcentaje de uso es menor al 10%.

También, lo que puedes empezar a evaluar es a sustituir marcas. Muchas empresas, en particular las alimenticias, suelen tener las llamadas 'segundas marcas', que generalmente, tienen exactamente la misma calidad y te cuestan un 20% o 30% menos, sólo por el hecho de tener un envase diferente y un nombre distinto. Se han hecho varias 'catas' a ciegas entre productos caros y productos más económicos y los resultados no arrojaron que haya preferencia por los productos 'de marca'. La gente no encontraba ninguna diferencia sustancial de calidad.

Otro rubro clave es el de la ropa/moda. Hace tiempo escuché una entrevista que le realizaron a Steve Jobs, fundador de Apple y alguien que realmente conocía de ventas y marketing. En dicha charla afirmaba que no lograba entender como la gente gastaba más de $50 dólares en una camisa, que al final del día, es un commodity, es sólo un pedazo de tela decía. Si te pones a pensar, no parece ser una decisión demasiado racional.

La próxima vez que estés por comprar alguna prenda costosa para mejorar tu imagen exterior, piensa si no es mejor opción invertir en algo que mejore tu imagen interior. La ropa cara no va a hacer mucha diferencia si tu interior es amargo.

Pero como dice el refrán 'El que mucho abarca poco

aprieta'. Es por ello, que mi propuesta es que sustituyas un gasto cada trimestre, es decir cuatro gastos al año. De esta manera se te va a hacer mucho más manejable y además te generas el hábito de realizar una revisión de tus gastos en forma trimestral. La primera vez que realicé este ejercicio, generé un ahorro anual de $2,000 dólares, sólo modificando 4 consumos.

Además, tienes que pensar que al ser recurrentes, estos ahorros continúan en el tiempo, entonces esos $2,000 se convierten en $20,000 en una década.

Imagínate que durante varios años, cada trimestre, realizas una sustitución, esto creará ahorros que se acumulan sistemáticamente con el paso del tiempo, generando un colosal impacto en toda tu economía.

Sin préstamos

'Lo compro con tarjeta', 'Lo pago en 12 cuotas'. Esas son las frases de la felicidad para los banqueros, es la más hermosa melodía que pueden oír.

Tomar préstamos puede llegar a ser una buena estrategia si es para hacer algún negocio o una inversión, si no, es la peor decisión que puedes tomar. Es la forma más fácil y directa de hacer rico a los bancos. Si tomas préstamos para consumo, cada día vas a ser más pobre, es así de sencillo.

Nunca finances gastos de consumo, no financies tu auto, tus vacaciones, tu celular/móvil, ropa, etc. Lo peor que puedes hacer es endeudarte, piensa que es uno de los mejores negocios de las instituciones financieras, generan enormes ingresos con las deudas de tus tarjetas de crédito, es una de sus líneas de negocio estrella, tienen una muy alta rentabilidad.

Desde hoy decide no ser parte de ese juego. Quítate de

tu vocabulario la frase 'Total lo pago en cuotas'. Una buena pregunta que te puedes hacer es la siguiente: ¿Podría comprar este producto en efectivo? Si la respuesta es No, entonces no lo compres con tarjeta.

Las tarjetas te dan la falsa ilusión de que puedes comprar cosas que en realidad hoy se encuentran fuera de tu alcance. Y si te endeudas, en el futuro van a estar mucho más lejos de tu alcance que hoy en día. El uso de tarjetas exige una extrema conducta, una fuerza de voluntad que mucha gente no tiene, son una tentación enorme. Dar una tarjeta a una persona que no tiene fuerza de voluntad es como dar una navaja a un mono, puede llegar a hacer un desastre, honestamente, los bancos se aprovechan de esto al máximo, le están dando un préstamo a una persona que no sabe cómo usarlo, que no tiene la conducta apropiada, ni sabe en lo que se está metiendo. Francamente, creo que debería existir una regulación o límite mayor en este tema.

El uso de tarjeta tiene que ser hecho de manera responsable y planificado. Lo último que quieres es tener a un banco como acreedor. Si haces esto tu vida se puede tornar bastante compleja por haberte dado ese o aquel gusto. El efímero beneficio de corto plazo se transforma en una enorme carga en el mediano plazo.

Mariela es un caso extraordinario, ella es una persona realmente ordenada y prolija y es el ejemplo ideal del uso consciente de tarjetas de crédito, tiene en su poder siete tarjetas de crédito y jamás se tienta. Mariela es directora de un emprendimiento de venta de bienes para el hogar y para cada gasto de su emprendimiento utiliza la tarjeta que mayor beneficios le ofrece. Por ejemplo, para comprar combustible utiliza la tarjeta del banco X con la que obtiene un descuento de hasta el 20%. Para almuerzos de negocios utiliza la tarjeta del banco Y, que tiene un convenio con todos los restaurantes del país, para realizar viajes, utiliza otra tarjeta en donde logra ganar millas y de esta manera ahorra miles de dólares anualmente y así sucesivamente. Definitivamente, ella es un caso excepcional, dada su enorme fuerza de voluntad, ahora bien, si tú eres como la mayoría de los mortales y las tentaciones te encuentran con la guardia baja, lo ideal es que tengas como máximo una tarjeta y que el límite de compra sea lo más bajo posible.

En el libro Happy Money que te menciones anteriormente, los autores establecen la estrategia de 'Pagar hoy y disfrutar mañana'. Este consejo es justamente lo contrario de lo que quieren que hagas las empresas y los bancos, ellos quieren que consumas hoy y que lo pagues luego, y cuanto mayor sea la cantidad de cuotas mucho mejor. Pero nada peor para tu bienestar que estar pagando durante meses algo que ya consumiste mucho tiempo atrás, y que posiblemente ya te hayas olvidado del impacto positivo que tuvo ese consumo y hoy solo te quede la carga de tener que cancelar la deuda. La mejor estrategia para tu felicidad es que pagues tus compras al contado o en efectivo y luego solo te quede disfrutarlo, esto es magia pura, por ejemplo, cuando compras el pasaje de tus próximas vacaciones, luego de pagarlo lo único que te queda es alegrarte, es más, desde el momento en que lo compras, ya te vas a estar imaginando como va a ser ese viaje, lo empiezas a valorar por adelantado. De esta manera, vas a obtener un triple beneficio por tu compra, lo vas a disfrutar antes, durante y después.

Es por eso que te invito a que te liberes de tus deudas, son enormes mochilas que arrastras y que te drenan energía vital, te hacen más pesado el camino y luego debes pasarte meses trabajando sólo para pagar las cuotas. Es el camino del esclavo.

Recuerda la frase del gran Pepe Mujica 'Todo lo que compras lo pagas con vida', cuídala un poco mas.

Sin suscripciones

Precisas pagar la cuota del cable, del seguro, del gimnasio, del teléfono celular, de Netflix, de wifi, de Spotify, del club, colegio, medicina prepaga, etc. y luego de hacerlo tu cuenta queda literalmente en rojo.

Una de las formas más fáciles de que se te vaya el dinero es a través de las suscripciones. Las empresas aman este método porque se aseguran un ingreso estable y permanente a lo largo del tiempo. Te comparto el ejemplo de la más emblemática empresa que utiliza el esquema de suscripciones en estos tiempos, Netflix, el mismo lo escuché por primera vez del economista Claudio Zuchovicki, actual gerente de la Bolsa de Comercio de Buenos Aires, el cual lo actualicé con el último reporte financiero disponible (2017). La cuota mensual del servicio ronda en aproximadamente los 10 dólares, actualmente, esta empresa tiene más de 100 millones de clientes, esto nos da una facturación mensual de 1,000 millones y 12,000 millones de dólares aproximadamente en un año. ¡Aplausos para los maestros de las suscripciones!

Además de obtener grandes beneficios, las empresas saben que una vez que el cliente ingresa, es difícil que se vaya, la tasa de salida es terriblemente baja. Hace poco participé del evento CIEF (Conferencia Internacional de Economía y Finanzas), y en una de las charlas, Lucas Llach, ex vicepresidente del Banco Central de Argentina, comentó un ejemplo muy llamativo, según un estudio hecho en Inglaterra, la tasa de abandono de los clientes bancarios es de un 5%, es decir, sólo 5 de cada 100 clientes suelen cerrar sus cuentas, mientras que la tasa de divorcios en ese país es del 44%, ¿Te das cuenta? si vives en Inglaterra, es más fácil que te divorcies que te vayas de tu banco. Este mismo ejemplo lo podemos replicar en cualquier suscripción.

Solemos asumir que este tipo de relación es fija, permanente y por lo tanto, pasan a ser invisibles para tu mente. Es lo que se llama en psicología cognitiva 'sesgo por default'. Las personas somos proclives a mantener el status quo, las cuotas se nos hacen transparentes, entonces seguimos suscriptos sin identificar si estamos haciendo un buen uso del servicio.

Es por ello, que te propongo que revises regularmente cuáles son tus suscripciones y si realmente le estás dando utilidad y si son verdaderamente importantes.

Por más mínima que sea la cuota mensual, al ser repetitivas, el monto a lo largo del tiempo en muchos casos llega a ser muy significativo. Evita esta trampa, revisa y reduce estos gastos a su mínima expresión.

Reduce los pequeños gastos

¿Sabes cuánto gastas en cigarrillos, café, golosinas, gaseosas, alcohol, etc. en un año?

Muchas veces no nos damos cuenta de los pequeños gastos, justamente por eso, porque son pequeños y parecen que no pesan, son nuestro 'punto ciego'. Pero el peligro es que al realizarlos todos los días pueden generan una carga enorme en el año y tu bolsillo lo va a resentir fuertemente.

Te doy un ejemplo: Si fumas un paquete de cigarrillos por día, el gasto anual es más de mil dólares. Sí, mil dólares. Para arruinarte la salud es un poco caro ¿Qué te parece? Otro ejemplo: si consumes un café o té con medialunas o con algún acompañamiento a diario, 12 meses más tarde se te escaparon más de mil quinientos dólares. Si consumes gaseosas o alcohol, se te evapora otra cantidad similar. Si sumas todos estos conceptos te puedes llegar a infartar, el monto llega a ser astronómico, no es extraño que supere ampliamente los $5,000 dólares anuales.

Es vital que empieces a ocuparte ya de estos gastos y los comiences a limitar drásticamente, para ello te comparto 2 técnicas altamente efectivas.

Espacia tus consumos

La primera técnica que te traigo es que empieces a espaciar o dilatar tus consumos, es decir, que no los realices en forma recurrente. Y esto tiene base científica, existe lo que se llama el efecto 'habituación', este efecto está muy bien explicado en el libro 'La auténtica felicidad' de Martin Seligman, el cual funciona de la siguiente manera: cuando consumes algo en forma regular, este consumo cada vez tiene menos valor para ti, el motivo se produce porque tu cerebro se habitúa a consumirlo, ya no es novedad para él y entonces no le genera prácticamente ningún efecto, podríamos decir que se convierte en algo esperado. Te doy un ejemplo concreto: me imagino que te gusta el helado, si es así, cada vez que compras un helado lo vas a disfrutas muchísimo, ahora bien, si todos los días consumes helado, el nivel de disfrute va a ser cada vez más bajo y si lo haces durante 3 meses seguidos, es posible que comiences a odiarlo.

Es por ello que una buena estrategia es espaciar los consumos de estos pequeños gustos o placeres, cómprate helado una vez cada 15 días o una vez por mes. Esto te va a generar un triple efecto: por un lado, cada vez que lo consuma le vas a asignar un valor muy alto, por otro lado, estas ahorrando dinero y como tercer efecto, tu salud va a mejorar.

Para obtener el mayor beneficio de tus compras una gran estrategia es convertir cada compra en algo único. Como te acabo de contar, el gran enemigo que tienes que vencer es el efecto habituación, es por ello que no es bueno que consumas cosas en forma diaria o en forma recurrente aunque te gusten, esta es uno de las razones por la cual la gente rica no es tan feliz como creeríamos o como su situación lo indicaría. Además de hacer esto, lo que puedes hacer es empezar a cambiar los gustos que consumes y también las marcas, de este modo, logras que cada experiencia sea diferente y no te puedas acostumbrar fácilmente a la misma. De este modo, el disfrute de cada compra es máximo.

Reduce porciones

Adicionalmente a espaciar los consumos, otra estrategia probada que te aconsejo implementar es que reduzcas las porciones que consumes. Sucede básicamente el mismo efecto que con el caso anterior. Se han hecho estudios que demuestran que cuanto mayor cantidad consumes, menos disfrutas. Te doy el mismo ejemplo del helado que también surge del libro de Seligman: cuando consumes helado, la primera cucharada tiene un enorme valor, es casi tocar el cielo con las manos, pero la segunda cucharada tiene la mitad del valor que la primera y así sucesivamente. Cada nueva cucharada te produce menor valor y la última prácticamente tiene un valor nulo, es casi lo mismo que si estuvieses comiendo cartón. Entonces, en vez de comprarte un ¼ kilo de helado para ti solo, es muchísimo más inteligente que elijas una opción con menos cantidad.

Como te habrás dado cuenta, las marcas te ofrecen tamaños cada vez mayores, XXL, 2.5 litros, extra long, McDonalds te ofrece agrandar el combo, etc., pero como vimos, no tiene ningún sentido comprar cantidades mayores, la mejor opción siempre es elegir porciones pequeñas, en este caso menos es mas.

Habiendo dicho esto, te aconsejo que empieces a reducir tus gastos por este rubro, con algunas de las ideas que te mencioné, es aquí donde puedes comenzar a eliminar consumos, estos normalmente son superfluos y no aportan nada a tu calidad vida.

No compres basura

En el año 2009 me fui de vacaciones a Europa, pero esta vez decidí visitar Europa del este, destino que tenía pendiente desde hacía un tiempo. Aprovechando mi estadía allí, me encontré con Michaela, una amiga eslovaca que en ese entonces vivía en Praga, y en una de las charlas que tuvimos mientras recorríamos la increíble ciudad, me dijo una frase que la recuerdo hasta el día de hoy 'Mi familia no es rica, es por eso que no nos podemos dar el lujo de comprar cosas de mala calidad.'

¡Gran consejo! Adquiere el hábito de comprar pocas cosas pero asegúrate de que sean de calidad, en vez de lo que hace la mayoría, comprar mucho pero malo. Hacer esto te va a generar múltiples beneficios:

-Lo bueno te va a durar mucho más tiempo, dado que es de mejor calidad, adicionalmente, al saber que es bueno lo vas a cuidar más.

-Vas a tener mayor calidad de vida. Cuando tienes algo de calidad, la experiencia al usarlo se vuelve más placentera, disfrutas más usándolo.

-Vas a gastar menos tiempo en ir de compras. Recuerda que Time is money.

-Vas a precisar menor espacio para guardar cosas.

-Al final del día, vas a ahorrar dinero.

La única duda que te puedes plantear es cuál es el límite, porque existe una gran cantidad de objetos y con múltiples niveles de calidad y algunos de ellos te pueden costar, literalmente, un ojo de la cara. En este caso voy a volver a mencionarte el libro Happy Money, en el cual nos regala una técnica súper poderosa. Los productos que compres tienen que tener una calidad base, es decir, los materiales deben ser nobles y el producto debe estar bien hecho, pero más allá de esa calidad, no tiene demasiado sentido comprar cosas de precio muy elevado. Te doy un ejemplo, imagínate que quieres comprarte un nuevo teléfono celular, vas al local y te empiezan a mostrar diferentes modelos, al poder compararlos, es muy fácil notar las diferencias entre uno y otro, y siempre vas a estar tentado en comprar el más caro, dado que seguramente este tenga materiales y características realmente impactantes, lo que tienes que saber, es que una vez que estés en tu dulce hogar, el nuevo aparato va a estar solo, sin ningún otro con el cual compararlo, entonces, no hace sentido comprar el más caro, este no te va a generar mayor bienestar ni felicidad, vas a estar tirando el dinero. La mejor opción es siempre comprar el que cumpla con las especificaciones que precisas y que te asegure una calidad y durabilidad razonable.

Regla de los 5 minutos

Las empresas conocen cómo trabaja nuestra mente y saben muy bien que hacer para tentarte. Es por eso que una de las estrategias que más rédito les proporciona son las ventas compulsivas. Saben que este tipo de ventas funcionan realmente bien y es por eso que tienen miles de tácticas para sacarles el mayor jugo posible. No es casual que los supermercados en el área de caja te ofrezcan todo tipo de productos para seducirte, desde chocolates hasta pañuelos descartables. Todo al alcance de tu mano con el fin que consumas más.

Existe un estudio realizado en Estados Unidos que establece que más del 80% de las compras que haces en el supermercado son compulsivas, es decir, que no las planeaste, son espontáneas.

Es por eso que te invito a que cada vez que te tientes con algún producto pongas en práctica 'La regla de los 5 minutos', la cual funciona de la siguiente manera: deja pasar cinco minutos antes de comprar algo, luego de ese tiempo es altamente probable que la tentación se haya desvanecido. Esto no es magia, sucede por una propiedad que tiene nuestra mente, que es la del enfoque, la mente cuando se concentra en algo hace que lo demás virtualmente 'desaparezca', por este motivo, al dejar pasar 5 minutos, tu mente se va a reenfocar en otra actividad y se va a 'olvidar' de todo lo demás, ni se va a acordar de esa golosina que minutos atrás parecía ser lo único importante sobre la faz de la tierra. ¿No me crees? Yo uso esta técnica diariamente con resultados excelentes. Síguela y sorpréndete.

Triple Filtro

El gran filósofo griego Sócrates desarrolló una técnica muy eficaz a la cual llamó el Triple Filtro, la cual consistía en hacer 3 preguntas a todo aquel que le quería contar algún rumor o chisme, si pasaban estos 3 filtros la persona podía continuar con su relato, si no, simplemente se retiraba. Sus famosos filtros eran los siguientes:

Verdad: ¿Estás absolutamente seguro de que lo que vas a decirme es cierto?

Bondad: ¿Es algo bueno lo que vas a decirme?

Utilidad: ¿Me servirá de algo saber lo que vas a decirme?

Tomando el modelo Sócrates, he establecido una técnica eficaz que utilizo frecuentemente antes de realizar cualquier consumo, esta técnica consiste en hacerme 3 preguntas que operan como filtros, si las respuestas son negativas, decido no consumir. Los 3 filtros del consumo son:

Necesidad: ¿Preciso realizar este consumo?

Bienestar: ¿Luego de consumirlo voy a sentirme más feliz? ¿Va a aportar algo a mi bienestar?

Recuerdo: ¿Dentro de un mes voy a recordar haberlo consumido?

Hace poco estaba realizando una capacitación en el centro de Buenos Aires que duraba todo el día. La cual incluía un break de una hora para almorzar. En dicho break fui a comer a un bar de la zona y recuerdo que cuando terminé mi comida observé el reloj de mi celular y me di cuenta de que me quedaban 30 minutos libres antes de retomar el taller, entonces, para matar el tiempo pensé en ir por un café. Mientras estaba en la fila de la cafetería, me dije, voy a aplicar el triple filtro, como te imaginarás, las respuestas fueron terminantes, no era ni necesario, ni me iba a generar mayor bienestar, ni iba a recordar ese consumo dentro de unas pocas horas, en consecuencia, me fui de la fila y decidí pasar el tiempo dando una caminata por las calles de la ciudad.

Limita cantidades

Te están bombardeando todo el tiempo con ofertas que parecen imperdibles: 2x1, 3x2, 4x3, 50% de descuento en la segunda unidad, etc. y tu cerebro piensa: '¡Qué gran oportunidad! si ya consumo este producto, que mejor que comprar 4 productos con descuento'. Como ya te estarás dando cuenta, las empresas no son inocentes, ni te imaginas la cantidad de estudios que hay detrás de cada promoción, existen psicólogos, mercadólogos, neurocientíficos, sociólogos, matemáticos, estadistas, etc. que analizan todas tus costumbres.

Las ofertas por compras por volumen tienen un sentido y este es muy simple, cuanto más tienes más consumes. Por ejemplo: si compras 2 chocolates te aseguro que vas a consumirlos en el mismo período de tiempo que si hubieses comprado uno solo. Entonces, además de consumir algo que no precisas, en vez de venderte uno, te venden 2, 3, 4 o mas.

Existe un efecto que se denomina 'disponibilidad', si tienes algo a tu disposición tu cerebro lo sabe y hasta que no lo consume no va a estar satisfecho, es como que algo está pendiente.

Por eso, la técnica que te traigo es que limites las cantidades que compras, y esto es especialmente clave cuando lo que compras es algo no necesario. El ejemplo clásico son las golosinas, nunca compres paquetes de varias unidades o familiares. Otro ejemplo son las galletitas o galletas, cuando abres un paquete, lo normal es que lo termines, tengas o no tengas hambre.

Existen casos que no es tan simple hacer esto, como por ejemplo las nueces, almendras, frutas o aquello que se venda suelto o por peso, no parece razonable ir a compras 5 nueces cada día. La mejor opción que tienes aquí es la siguiente: compra una vez por semana la cantidad que quieres consumir durante los próximos 7 días, si consumes todo el 1er día, mala suerte, recién la próxima semana vas a comprar nuevamente.

De esta manera te aseguras no consumir más de lo planeado y adicionalmente, te generas el hábito del autocontrol, dado que sabes que si consumes todo hoy, mañana no vas a tener nada. El autocontrol es como un músculo, si lo entrenas diariamente se vuelve más fuerte y los beneficios son enormes. Es uno de los secretos mejor guardados de la gente próspera.

Posterga compras

Muchas veces tienes una fuerte sensación de que precisas algún objeto o servicio sí o sí, parece que tu supervivencia se encuentra en juego. Aunque, como te imaginaras es otro engaño de nuestra mente, lo normal es que esto no sea 100% cierto. Generalmente, no lo es en absoluto. Es por este motivo que te pido que antes de realizar una compra no habitual, recuerdes al gran Benjamín Franklin y te hagas la siguiente pregunta: ¿Este producto va a generar un beneficio duradero en mi vida o en la de los demás?

Si pudiste vivir hasta ahora sin ese producto o servicio, es altamente probable que no sea necesario para el resto de tu vida.

Si todavía tienes dudas, haz lo siguiente: deja pasar una semana o un mes y luego de ese lapso, hazte nuevamente la pregunta anterior. En ese momento vas a tener mucha mayor claridad de si realmente lo precisas o si era sólo un 'capricho' pasajero.

Recuerda que llenar tu vida de objetos no va a generarte mayor bienestar, probablemente te genere lo contrario, cuanto mayor cantidad de cosas tienes, mayor es la confusión que te produce.

Pide descuento

¿Quieres ahorrar dinero con cero esfuerzo? El siguiente método va a hacerlo posible.

Si luego de usar todas las técnicas anteriores decides igualmente hacer una compra no habitual, cuando te encuentres en el comercio, hazle al vendedor alguna de las siguientes preguntas: ¿A qué precio me puede dejar este producto? ¿Si lo compro ahora mismo, que descuento me puede hacer? o ¿Cuál es el mejor precio que me puede ofrecer?

Ten estas preguntas a tu disposición cada vez que hagas una compra y genérate el hábito de hacerlas siempre, es algo totalmente gratis y lo peor que puede suceder es que te digan que no. Aunque, por experiencia, en más del 50% de los casos funciona. Además, debes saber que las empresas regularmente cuentan con un margen para descuentos.

La única condición es que si te dicen que sí, realices la compra de inmediato, si no lo haces, puede repercutir negativamente en los demás y esa no es la idea. Nunca mientas, falsees o intentes engañar a los demás. Piensa que los vendedores están trabajando y muchas veces su pago depende de la cantidad de ventas que realicen.

Hace unos años decidí estudiar Coaching Ontológico y para ello realicé una mini evaluación de las instituciones disponibles. Luego de descartar a la mayoría, quedaron 2 finalistas. Los costos de ambas y los contenidos eran muy similares, lo cual hacía difícil la decisión, entonces, aplique esta técnica. Llamé a una de ellas y le fui 100% sincero, 'Preciso decidirme en qué escuela estudiar, estoy evaluando entre Uds. y otra institución, si me ofreces un descuento me inscribo hoy mismo.' La asesora me respondió que precisaba consultarlo con los directores, luego de 30 minutos me llamó confirmándome el descuento. Hacer este sencillo pedido me hizo economizar un monto bien significativo.

Lo notable de esta técnica, es que te das cuenta que una simple pregunta, un simple pedido, te puede llevar a ahorrar dinero. Esto es un claro ejemplo del poder que tienen las palabras, úsalas siempre a tu favor.

Compra a fin de mes

¿Te has preguntado alguna vez cuándo es el mejor momento para realizar una compra? ¿En qué día del mes te conviene comprar? ¿Es mejor comprar en algún mes específico o da lo mismo?

Te voy a compartir uno de los secretos mejor guardado por las empresas. Cuando decidas realizar una compra significativa (algo no habitual), el mejor momento para hacerla es a fin de mes. Esto es así porque muchas empresas tienen objetivos de ventas mensuales. Esto es algo muy sencillo, te doy un ejemplo: supongamos que cierta empresa de electrodomésticos para el mes de marzo fija su objetivo de ventas en $100,000 dólares. Imagínate que tú vas a fin de mes a realizar una compra de un aire acondicionado y hasta ese momento la empresa ha vendido $99,500, tu venta puede definir que lleguen o no a cumplir los objetivos. Es en ese momento en el que los vendedores están mucho más deseosos de vender para cumplir con sus cuotas y en consecuencia, cobrar mayores comisiones. Entonces, es ahí donde te van a ofrecer mayor cantidad de descuento o donde te van a ofrecer mayores beneficios.

Además, los mejores meses para comprar son los últimos de cada trimestre, porque muchas empresas fijan sus objetivos de ventas justamente cada 3 meses (marzo, junio, septiembre y diciembre).

En uno de mis grupos de amigos de whatsapp, todos los fines de mes sucede lo mismo. Javier, quien trabaja como jefe de ventas de una gran concesionaria de autos del país, nos envía un mensaje con 'imperdibles descuentos' en casi todos los modelos.

Habiéndote dicho esto, cuando quieras hacer una compra, empieza a hacer un sondeo durante el mes pero espera al momento oportuno para concretarla. El resultado no está garantizado, pero es una estrategia ganadora que te invito a que utilices.

Sin pasivos

Comprar pasivos nos encanta, es una de esas cosas en la que todos caemos más de una vez en la vida. Pero ¿Qué es un pasivo? ¿Cómo se define? Para responderte, no te voy a dar la respuesta clásica que te daría un contador, sino, te voy a traer la definición que nos ofrece Robert Kiyosaki, autor del bestseller mundial 'Padre Rico, Padre Pobre', él define a un pasivo como todo aquello que compres y te genere gastos por el simple hecho de tenerlo. A su vez define a los activos como todo aquel bien que te genere ingresos futuros.

El ejemplo clásico de pasivo es tu auto, te compras un increíble cero kilómetro y luego te das cuenta de que el valor del seguro, patentamiento, impuestos, etc. es altísimo, además, debes pagar parqueadero, gasolina, debes hacerle mantenimiento, services, etc. Y para completarla, ni bien lo compras pierdes un 20% del valor en el acto. Ningún inversionista en su sano juicio compraría jamás un instrumento que pierda valor al instante. Sería una paradoja, sin embargo, millones lo hacen, es más fuerte que nosotros.

Una estrategia totalmente opuesta es que empieces a

alquilar pasivos y a comprar activos. En Estados Unidos y en Europa es normal alquilar autos por hora. Una app te indica en donde se encuentra el más cercano y luego tú lo dejas en tu destino. Espero que llegue lo antes posible a todos los países, aunque esto es solo la punta del iceberg, en el futuro, la tecnología va a hacer posible que podamos alquilar casi cualquier objeto. Esto es una oportunidad de oro para que ahorres mucho dinero y evites comprar cosas que vas a usar sólo unas pocas veces.

Por otro lado, te conté que precisas comprar activos, esto es clave si quieres generar riqueza en el mediano plazo, te doy algunos ejemplos clásicos: bienes raíces que utilices para alquiler, cocheras o parqueaderos que puedas rentar, acciones que paguen dividendos, y cualquier otro activo que te genere una renta.

Aún te encuentras a tiempo, como dice el proverbio chino 'El mejor momento para plantar un árbol fue hace 20 años. El segundo mejor momento es ahora.'

Salva tu aguinaldo o 13er salario

Aprovechando que has cobrado el aguinaldo, te compras un enorme televisor nuevo, el último iphone o la cartera número 50 ¿Te ha pasado esto alguna vez?

Si estas en relación de dependencia, un excelente hábito, es que ahorres tu aguinaldo o décimo tercer salario, si trabajas en forma independiente, este mismo esquema lo puedes utilizar con tus ingresos extraordinarios.

Haz como si no existiera este dinero, no lo tengas en mente, de esta manera no lo vas a gastar ni bien lo cobras. Recuerda la Ley de Parkinson, tus gastos crecen al mismo nivel que crecen tus ingresos. No caben dudas de que puedes vivir sin ese dinero extra, dado que normalmente no lo tienes. Aprovecha y no lo gastes en cosas que no precisas, recuerda a Kiyosaki y compra activos, inviértelo en algo productivo, en algo que te genere beneficios a largo plazo.

Volvamos al ejemplo de la sección anterior: tienes un salario de 1,500 dólares, si ahorras todos tus aguinaldos y los inviertes al 5% anual, en diez años por este concepto únicamente, vas a tener 20,000 dólares aprox. Si sumas el 10% de ahorro mensual que ya vimos, vas a llegar a tener más de $ 43,000. Lo cual representa más de 2 años de tu salario. Y si lo mantienes 40 años, el monto asciende a $ 420,000 ¿No sería increíble tener ese valor modificando sólo la forma en que manejas tu efectivo y sin aumentar los ingresos que hoy tienes?

MONTOS A LO LARGO DEL TIEMPO

HÁBITO	10 AÑOS	20 AÑOS	30 AÑOS	40 AÑOS
INVIERTE	23,000	62,000	125,000	230,000
AGUINALDO	20,000	52,000	105,000	190,000
TOTAL	43,000	114,000	230,000	420,000

Los importes son aproximados

Limítate

Pasas por una vidriera y ves esa cartera que tanto te gusta y encima te combina con tus nuevos zapatos, todo es perfecto hasta que miras el precio, wow, ¿y ahora qué hago?

Como vimos en la sección de presupuesto, es vital que tengas un monto a gastar por los diferentes conceptos, este valor funciona como un marco general, es tu guía, tu norte. Pero en esta sección te propongo una técnica complementaria, y la misma consiste en crear topes de gastos por concepto específico. Por ejemplo puedes definir un límite de gasto en regalos, a este lo puedes especificar en un máximo de 25 dólares por cada compra (los montos son a modo de ejemplo). Puedes hacer lo mismo con los rubros salidas sociales, after office, cenas, almuerzos, ropa, etc. Adicionalmente, en los casos recurrentes, puedes tener otro tope extra semanal, en este caso vas a definir por ejemplo, que no vas a gastar más de 10 dólares en cafés por semana. Esta técnica es altamente efectiva porque te permite no tener que decidir cuánto estás dispuesto a gastar en cada situación que se te presente. Ya has tomado la decisión con anticipación, libre de emociones y en línea con tus prioridades.

Tienes que saber que estos topes actúan como filtros que te facilitan tener un control total de todos tus gastos recurrentes y esto te va a permitir tener un sendero claro que te va a llevar con total facilidad a cumplir tus metas financieras.

Prémiate

Cada vez que realices un progreso financiero, regálate algo simbólico para recompensarte por haber cumplido tus metas.

Date algún gusto pequeño. Esto es realmente muy potente. Es altamente recomendable que tengas definidas de antemano tres opciones con las que te vas a premiar cada vez que llegues a tus objetivos. A medida que los cumplas, elige una de ellas. Esto te va a generar una enorme motivación para alcanzarlos. En este tema, es importante que elijas opciones que no sean habituales, para que la mente asocie ese evento con un reconocimiento a tus logros, que sepa con claridad que es una recompensa.

Además, puedes empezar a ver todo como un juego, cada vez que cumples con una meta financiera es una victoria y luego de lograrla, puedes establecerte un nuevo objetivo mucho más desafiante.

AGRANDA LA 'TORTA'

Hasta aquí hablamos exclusivamente de tus ingresos y de tus gastos actuales y en la forma de administrarlos para lograr la mayor efectividad posible, ahora es un buen momento para pensar en cómo aumentar la 'torta', es decir, como generar ingresos extras, y para esto te quiero proponer 4 métodos que te van a llevar por el sendero correcto.

Si aumentas tus actuales ingresos y además los gestionas como un profesional, tu éxito financiero está garantizado y en muy poco tiempo vas a sentirte mucho más libre, tranquilo y con altos niveles de energía.

Cambia las preguntas

El primer método de que traigo tiene que ver con las preguntas que te haces. Las preguntas son realmente poderosas y definen los temas en que quieres que tu mente se enfoque. Una pregunta fundamental que debes hacerte en forma recurrente es: ¿Cómo puedo obtener ingresos adicionales?, hazte esta pregunta en forma periódica y luego deja que la creatividad fluya. Ten siempre a mano los 2 instrumentos más importantes para la creatividad: lápiz y papel.

Hoy en día existen ilimitadas formas de obtener ingresos extra, y muchísimos de ellos los puedes hacer sin siquiera salir de tu casa y hasta sin ningún tipo de inversión inicial, aunque estos no suelen aparecer de la nada, debes enfocarte en ello. Te doy algunos ejemplos para que empieces a utilizar tu imaginación. Puedes vender eso que ya no utilizas, puedes alquilar una habitación por Airbnb, puede ofrecer clases de algo que sepas (estas pueden ser físicas, por la web en vivo o como un curso pregrabado), puedes escribir un blog, etc. Las posibilidades son infinitas. Utiliza tu creatividad.

Oportunidades ¿dónde están?

Otra gran manera de encontrar oportunidades es seguir el consejo de Jack Ma, el hombre más rico de China y dueño de Alibaba, él decía: 'Las oportunidades se encuentran donde la gente se queja, si puedo resolver esa queja, ahí está la oportunidad'.

Debes cambiar la visión y empezar a ver siempre el vaso medio lleno, ver las posibilidades y enfocarte en ellas. Eso hace la diferencia entre los exitosos y el resto. Como decía Peter Drucker 'Hay que alimentar las oportunidades y hambrear los problemas'.

Te doy un ejemplo: es bastante normal escuchar a personas quejarse de que el sistema educativo es obsoleto y que debería tener tal o cual materia. Otras personas tomaron nota de esto y vieron aquí una enorme oportunidad y crearon institutos de capacitación continua aprovechando las falencias del sistema educativo. Otro ejemplo: continuamente escucho que la gente se queja de que las principales marcas de moda no tienen ropa para todos los talles, especialmente los talles grandes, alguien en

Estados Unidos se dio cuenta de esta situación, vio una oportunidad y se puso manos a la obra. Así se creó el mercado especial para este tipo de prendas que se llama Big & Tall con excelente nivel de rentabilidad.

Cada vez que escuches una queja piensa: ¿Qué oportunidad se esconde detrás?, ¿Cómo se puede resolver esta situación?

Hacerte estas preguntas va a cambiar radicalmente tu enfoque y te va a ayudar a cultivar la creatividad. A la mente le encanta buscar respuestas, si le haces las preguntas correctas, ten certeza de que las va a encontrar.

Recuerda que las oportunidades generalmente están frente a tus narices, detéctalas.

Hora creativa

'La creatividad no es una chispa de genio, es trabajo duro' Peter Drucker

Mucha gente piensa que no es creativa, que simplemente no le aparecen ideas, otros piensan que las ideas aparecen de la nada y no pueden hacer nada para que surjan. Esto no es así, si bien es normal que aparezcan ideas en los momentos menos pensados, también es verdad que se puede hacer un esfuerzo consciente para buscarlas. Existen muchísimas técnicas para ser más creativo, si quieres ahondar en este tema te recomiendo un par de libros: el inmortal 'Pensamiento Lateral' de Edward de Bono y para que tengas algo más actual 'Ágilmente' de Estanislao Bachrach.

El hábito que te propongo aquí es que dediques una hora por semana para pensar en oportunidades. Agenda un día y hora para este tema, y en ese momento procura que nadie te distraiga, desconéctate, usa ese tiempo solo para crear ideas. Y luego anota todo lo que surja en un cuaderno o en tu computadora. Sería algo así como el 'Libro de las ideas'. Anota todas las ideas sin preocuparte si son buenas o no. Sólo anótalas. Y cada tanto revisa lo que has escrito. Trata de ver si existe algún patrón, si puedes relacionar unas con otras. Piensa ¿Qué sucedería si combino estas 2 ideas diferentes?

Este simple hábito te va a generar un aumento enorme en tus niveles de creatividad y las posibilidades, mágicamente, se van a multiplicar.

Haz Networking
'Dime con quién andas y te diré quién eres'. Dicho popular

Se dice que el 85% de los resultados que vas a obtener en tu vida se generan a través de tus contactos. Por este motivo, es de vital importancia que mantengas y amplíes tu red de relaciones. La mayoría de las personas nos movemos dentro de nuestro pequeño círculo de amigos. Piensa que hay más de 7,000 millones de personas en el mundo y siempre te juntas con los mismos diez, te estás perdiendo un mundo de oportunidades.

La teoría de redes establece que cualquier persona puede estar conectada a cualquier otra a través de una cadena que no tiene más de cinco intermediarios (conectando a ambas personas con sólo seis enlaces).

En otras palabras, cada contacto nuevo te acerca en forma exponencial a conseguir tus sueños o metas.

Además, existe una teoría que dice que tú eres el promedio de las 5 personas con la que normalmente te juntas. Elige con cuidado con quienes compartes tu tiempo, tiene un impacto enorme en tu vida.

En mi ebook 'Lidera tus relaciones' analizo en forma

profunda este tema, como resumen, te he seleccionado algunas técnicas que te van a ayudar a mejorar tus relaciones y por ende, a encontrar más oportunidades:

Rompe el Hielo
'Un viaje de mil kilómetros comienza con un primer paso'. Lao-tsé

¿Cómo puedo contactarme con gente nueva? ¿Cómo doy el primer paso? ¿Cómo hago para abrir una conversación?

El primer obstáculo que existe para cualquier nueva relación es el acercamiento inicial, lo que habitualmente conocemos como 'Romper el hielo'. Pero, ¿Cómo hacerlo?

Para esto, en uno de nuestros talleres de liderazgo que lidero hicimos el siguiente ejercicio: formamos grupos de dos personas que nunca se hubiesen visto antes con la simple consigna de que hablaran entre ellos por solamente dos minutos. Lo que sucedió luego fue muy interesante, te lo comparto:

Lo primero que ocurrió fue que se hicieron las preguntas básicas, por ejemplo: ¿Cómo te llamas?, ¿De dónde eres?, ¿A qué te dedicas? etc. Las famosas small talks o charlas triviales que todos utilizamos. Esto continuó hasta que en un momento ambos conectaron con algún tema, por ejemplo, gente que vivía en la misma zona, gente que había estudiado la misma carrera o en la misma universidad, etcétera. Es decir, encontraron un punto en común y cuando esto sucedió se quedaron hablando sobre él. Es ahí donde se achica la brecha, esto quiere decir, que ya se han conocido y además tienen algo en común. A los seres humanos nos encanta tener cosas en común, nos encanta sentirnos reconocidos.

Luego que esto ocurrió las charlas siguieron fluyendo y

ya nadie sabía cómo había comenzado. Lo curioso fue que al principio había un poco de tensión en el ambiente, un poco de incomodidad, pero al final, la gente, literalmente, no paraba de hablar, es más, tuve que pedir tres veces que se detuvieran para continuar con el taller.

En este punto podemos hacer la siguiente reflexión:

1- Romper el hielo es mucho más fácil de lo que pensamos y todos sabemos cómo hacerlo.

2- Una vez que lo haces y encuentras un punto en común, luego todo fluye y ahí comienza la magia.

Te quiero compartir un descubrimiento reciente. Se ha realizado un novedoso estudio científico para determinar si relacionarse con gente nueva genera un impacto positivo, neutral o negativo en las personas. Para esto se seleccionó a un conjunto de individuos y se les entregó la siguiente consigna: a un grupo se les indicó que hablaran con una persona desconocida que encontrasen en el transporte público camino a su trabajo. Al otro grupo, el grupo de control, se les dijo que actuaran con normalidad, es decir, que continuaran con su viaje como todos los días. Una vez terminado este experimento, al final del día se les preguntó a los participantes cómo había sido su jornada. Los elegidos que tuvieron que iniciar una conversación con extraños mostraron un nivel significativamente mayor de satisfacción y bienestar comparado con las personas que tuvieron un día 'normal'.

Por todo lo dicho, cuando quieras contactarte con alguien por primera vez y tengas dudas de hacerlo o no, siempre hazte las siguientes preguntas: ¿Qué es lo peor que puede pasar si la persona no tiene interés? ¿Cuántas oportunidades he perdido por no romper el hielo, por no haber dado ese pequeño primer paso?

Desde hoy decide siempre acercarte a tus metas y no perder ninguna oportunidad más.

Haz actividades solo

Es verdaderamente importante hacer actividades acompañado. Esto te sirve para mejorar y profundizar tus relaciones actuales. Eso está fuera de discusión. Lo que te quiero proponer en esta sección no es que dejes de hacer cosas con tu red de contactos, sino, que te des un espacio para hacer actividades solo. Y el motivo de su importancia reside en que cuando te encuentras acompañado tienes la necesidad de estar con quien has ido, si empiezas a conversar con alguien desconocido, la persona que te acompañó se puede llegar a sentir desplazada y la relación quizás se llegue a resentir. Es mas, cuando estás acompañado no tienes ninguna motivación de interactuar con otra gente. En cambio, si vas solo a algún sitio, tienes la necesidad de conocer a otras personas y relacionarte con los demás, no tienes muchas más opciones si quieres pasar un buen momento.

Yo tuve la experiencia de vivir dos años en el exterior, viví en Quito, Ecuador y viajé totalmente solo, sin tener ningún contacto. Te aseguro que ese fue el período en el cual conocí la mayor cantidad de personas en mi vida, durante esa etapa fue cuando fui más abierto, más humilde. Cada persona que conocía la veía como una oportunidad para hacer actividades, salidas, reuniones, excursiones, etc. Fue una época muy fructífera para mis relaciones y mi vida social, con varios de ellos continúo actualmente en contacto.

Si bien ya ha vuelto a mi ciudad de origen, para no caer en las viejas costumbres de juntarme únicamente con mi pequeño grupo de conocidos, un objetivo que me establezco todos los años es el de conocer una persona nueva cada semana, es uno de los hábitos más saludables que tengo y te animo a que lo copies. Si no se te ocurre en donde conocer gente, te comparto tres ideas que puedes encarar sin compañía:

Viajar: algo que recomiendo fuertemente es que elijas hacer un viaje por tu cuenta y que vayas completamente solo, puede ser que te tomes unas vacaciones en este modo, o si no quieres ir tan de prisa, simplemente puedes elegir viajar un fin de semana o si no, puedes realizar una pequeña salida o paseo de un día o de una tarde sin conocidos.

Cursos presenciales: los espacios de formación son lugares ideales para conocer gente que tiene tus mismas inquietudes, en ellos vas a encontrar gente realmente interesante y especial. Si bien existen infinidad de cursos de capacitación online, nunca desestimes el impacto que tienen las opciones presenciales. Los contactos que puedes realizar en ellos te pueden durar toda la vida.

Por este motivo te invito a que empieces a apuntarte en estos y si lo haces sin compañía muchísimo mejor. Además, esto tiene un doble impacto, obtienes un nuevo aprendizaje y conoces gente valiosísima, es un juego ganar-ganar.

Redes sociales: hoy en día estamos viviendo una explosión de redes sociales, es una revolución sin precedentes en nuestra historia. Su éxito se debe principalmente a que estas redes permiten que nos conectemos, y la gente ama conectarse con personas que tienen intereses similares a los suyos. Actualmente existen comunidades de prácticamente cualquier actividad, y estas generalmente ofrecen encuentros presenciales, la variedad de eventos es ilimitada, puedes encontrar desde la actividad más trivial hasta la más extraña que puedas imaginar. Pero la verdadera magia de estas redes es que está muy bien visto que vayas solo a sus encuentros, es mas, la mayoría de la gente hace esto, entonces te va a ser muy fácil integrarte, lo haces de forma natural. Algunas redes muy interesantes de las cuales participo son: Couchsurfing (comunidad de viajeros en donde puedes encontrar actividades para hacer en cualquier ciudad del mundo y que además te permite conseguir alojamiento sin costo, ¡Sí, como oíste!), Meetup (es una comunidad que se encuentra virtualmente en todo el mundo y en ella vas a encontrar todo tipo de actividades, estas pueden ser gratis como así también pagas), Internations (esta comunidad fue originalmente pensada para que las personas que fueron expatriadas por sus empresas puedan encontrarse entre si y puedan compartir experiencias, consejos, encontrarse y sentirse más a gusto e integrados en su nuevo hogar, aunque no es excluyente, cualquiera puede participar, no es necesario que te encuentres en otro país o en otra ciudad para concurrir a sus encuentros. En sus eventos mensuales vas a conocer gente sorprendente de cualquier lugar del planeta y vas a poder enriquecerte de las vivencias de los demás).

Actualmente soy miembro activo de varias redes sociales. Cada 15 días participo de un evento de Coworking donde conozco emprendedores de todos los ámbitos, es un lugar ideal para hacer productivos contactos de negocios. También utilizo la red Couchsurfing alojando a viajeros del exterior que me enriquecen con sus diferentes puntos de vista e historias de vida y además, por agradecimiento tengo invitaciones por todo el mundo, cuento con alojamiento disponible prácticamente en cualquier país de Sudamérica, hasta me han llegaron invitaciones de Rusia y Japón. Mensualmente asisto a un encuentro de arte llamado Artexchange, donde cualquier artista, amateur o profesional, puede mostrar su trabajo durante 15 minutos. En este lugar, además de disfrutar de una gran variedad de artistas (músicos, bailarines, actores, fotógrafos, pintores, payasos, escritores, etcétera.), es un sitio ideal para conocer gente de los ámbitos más variados y diversos. Las opciones que puedes hallar son virtualmente ilimitadas. Y además, puedes crear tus propios grupos, en particular tengo mi propio evento de Liderazgo, donde cada 15 días comparto tips de desarrollo personal, en dichos encuentros aprovecho al máximo para conocer gente de lo mas interesante, ya han participado en ellos más de mil personas. Además, lidero otro grupo llamado Buenos Aires Café, en el cual realizamos reuniones mensuales cuyo principal y único objetivo es conocer gente y pasar un gran momento juntos con un café de por medio.

Elevator pitch

¿Te ha pasado alguna vez que alguien que no conoces te pregunta '¿A qué te dedicas?' y te quedas helado sin saber bien que responder?

Esto nos ha pasado a todos, es por esto que la propuesta que te traigo ahora es preparar lo que se llama un Elevator pitch, el cual significa que tengas armado un pequeño discurso acerca de lo que haces y qué es lo que te diferencia de los demás. Este debe ser de aproximadamente 30 segundos, lo que dura un viaje en ascensor (de ahí viene su nombre). De esta manera puedes fácilmente generar una gran impresión en tus contactos y además logras llamar la atención. Llamar la atención es una de las 'máximas' del marketing y lo puedes usar a tu favor.

Esta herramienta es bien conocida en el mundo emprendedor por la enorme necesidad que tienen estos de generar una imagen positiva de inmediato en potenciales inversores, clientes, o a la comunidad en general. La idea es que puedan transmitir la esencia de su proyecto en forma concisa y clara. Para los emprendedores esto puede llegar a ser un factor de supervivencia.

La estructura del mismo es simple, esta consta de cuatro puntos:

Problema: Aquí la idea es describir el dolor o miedo que el cliente potencial tiene. Es fuertemente recomendable el uso de estadísticas impactantes en esta sección.

Solución: en este paso debes referir cual es la propuesta que resuelve dicho problema, lo ideal es que lo expreses en tiempo presente.

Diferenciación: Este espacio sirve para que puedas describir el motivo que hace que elijan a tu emprendimiento. La pregunta a responder aquí es ¿Cuáles son nuestras fortalezas?

Llamado a la Acción / Pedido: Para finalizar, es de vital importancia definir y enunciar claramente qué quieres lograr.

Claramente en una situación social no debes incluir todos estos puntos, aunque te recomiendo usar este concepto para generar interés en los demás y que estos quieran continuar hablando contigo puesto que tienes algo interesante que contarles.

Si te hacen la pregunta que te mencioné al principio, no es lo mismo responder 'Tengo una cafetería' que 'Estoy en el negocio del café. En nuestra ciudad los cafés que se sirven normalmente son de baja calidad, no generando valor en los consumidores. Para resolver esto nosotros tostamos nuestros propios granos que son seleccionados de fincas de Centro América, nuestros cafés se encuentran dentro del 5% de los de mayor calidad del país'. ¡Qué diferencia! Si alguien me da esa respuesta, mi próxima pregunta es ¿Dónde queda tu cafetería?

Ahora te quiero mostrar un ejemplo de Valeria, una amiga que trabaja en relación de dependencia. Ante la pregunta '¿A qué te dedicas?, ella siempre suele contestar: 'Soy asistente administrativa'. Hacer esto le cierra automáticamente cualquier puerta de comunicación, nunca nadie le repregunta nada al respecto. Ahora intentemos generar una posible respuesta con la herramienta que te acabo de presentar, esta quedaría así: 'Soy asistente de ejecutivos, hace más de 15 años que ayudo a directores de compañías a manejar su agenda, resumir información y definir prioridades, esto les posibilita que se puedan enfocar en los temas estratégicos de la compañía como generar oportunidades de negocio y conseguir nuevos clientes. He trabajado con CEOs de empresas multinacionales como………..'

Esta técnica te va a servir ya seas un emprendedor o no, es por esto que te invito a que prepares un elevator pitch personal convincente y que en cada presentación atraigas la atención y generes un alto impacto en los demás en forma inmediata.

Envía información relevante

Una típica pregunta que siempre me hacen es cómo hacer para seguir en contacto con alguien no tan cercano. A veces por timidez no te animas a escribirle si no tienes nada importante que decirle a la otra persona o quizás lo haces una vez pero no quieres hacerlo siempre para no molestar. Entonces te quedas atrapado en esa encrucijada y en definitiva no haces nada.

Te cuento que la regla de oro para seguir en contacto con los demás y no quedar demasiado insistente o molesto es que generes valor a tu red de relaciones. Valor es la palabra clave, es el nombre del juego. Esto lo puedes hacer de varias formas, una manera fuertemente efectiva es enviándoles información relevante. Esta actividad la hago desde hace varios años y tiene excelentes resultados por varios motivos: por un lado estás manteniendo la relación, generas que el otro te tenga presente, que se acuerde de ti y que te tenga en cuenta. Por otro lado, le estás haciendo un favor al otro, le estás brindando algo útil, algo que lo puede ayudar. Y como broche de oro, vas a quedar muy bien haciéndolo. Cuando le entregas valor a alguien sin pedir nada a cambio tus relaciones se transforman en forma automática. El efecto es contundente.

Además, existe lo que se denomina 'efecto reciprocidad', que es una de las máximas de la influencia social. Cuando le brindas algo a alguien es normal que esa persona se sienta en deuda contigo y trate de ayudarte en el futuro. Si alguien te invita a su cumpleaños es razonable que sientas la necesidad de invitarlo al tuyo. Si alguien te invita un café, lo normal es que el próximo lo invites tú. Hay un viejo dicho que dice 'Favor con favor se paga'.

Te comparto un caso que me sucedió hace poco tiempo: Adrián era un compañero de la carrera de coaching, él es dueño de una importante red de gimnasios en la ciudad de Buenos Aires. Te confieso que a mí me fascina leer, soy casi un adicto a la lectura y durante mis vacaciones de verano empecé un libro relacionado con Marketing en el cual mencionaban varias técnicas muy novedosas aplicadas al área de entrenamiento, instantáneamente pensé que esas ideas le podrían ser muy útiles a Adrián en su negocio y le envié el detalle por whatsapp. Si bien la relación siempre fue buena esto generó un quiebre positivo en la misma y posibilitó que hasta hoy continuemos en contacto frecuente.

Te animo a que empieces a utilizar esta técnica hoy mismo. Cada vez que recibas información o leas algún artículo hazte la siguiente pregunta ¿A quién de mis contactos le puede interesar esto? Eso sí, como norma no envíes información general a todo el mundo, esto puede ser visto como spam o simplemente puede molestar a los demás. Lo que envíes debe ser específico, puntual y personalizado, ahí es donde generas una enorme diferencia e impacto.

Recuerda que el tiempo de los demás es sagrado y debes respetarlo. La pregunta que siempre te debes hacer es la siguiente: ¿Me gustaría que me enviaran esta información a mí? Si la respuesta es no, no lo envíes por nada del mundo.

Para concluir el tema de networking te cuento una anécdota personal. Hace un tiempo tuve una reunión con el director de RRHH de una gran multinacional donde trabajé durante muchos años y en esa charla el director me comentó lo siguiente: 'Esteban, piensa que en algún lugar se conocieron Lennon y McCartney, aprovecha cada encuentro que tengas para conocer gente interesante, nunca sabes que puede suceder.'

OTRAS CONSIDERACIONES EN RELACIÓN AL DINERO

Agradece cuando recibas

Cada vez que recibas dinero ten el hábito de agradecer, sea mucho o poco, sea por algo recurrente o sea extraordinario. Ten la costumbre de agradecer cada ingreso que tengas. Conozco muchísimas personas que se quejan porque lo que reciben no era lo que esperaban o merecían, pero existen poquísimos casos que agradecen lo que tienen, aunque esto pueda parecer poco. Si eres como la gran mayoría lo que haces es enfocarte en la queja, te enfocas en lo que no quieres y eso no te va a llevar a ningún lugar positivo. Recuerda que en lo que te enfocas se expande, entonces, atraes mas de lo mismo.
Es por eso, que te invito a que comiences a agradecer por lo que recibes, eso te va a ayudar a tener una actitud mucho más saludable hacia el dinero y te va a situar en un estado óptimo para que empieces a recibir muchísimo mas.
Además, la gratitud es uno de los mejores hábitos que puedes tener, aplicarlo te va a permitir mejorar en todos los ámbitos de tu vida, esta puede tener un vuelco muy positivo.

Agradece cuando pagues

Este hábito es más polémico que el anterior ¿Quién no sufrió alguna vez al momento de pagar algún servicio, seguro o factura? Pareciera como si te estuviesen quitando algo.
Te propongo que cada vez que pagues alguna factura, agradezcas tener el dinero para hacerlo y agradezcas que puedas contar con ese servicio. Ten en cuenta que muchísima gente en el mundo ni siquiera puede imaginar tener ese servicio que tú disfrutas y que daría cualquier cosa por tener que pagarlo.
Además, piensa que tu pago está contribuyendo a la economía, ¿Cuántos trabajos hay detrás de eso que estás pagando? Piensa todo el bien que estás haciendo, muchas personas y familias se están beneficiando con tu pago. Tienes que verlo como un sistema, cuando tú pagas algo, alguien lo recibe y este a su vez paga algo a otra persona y esa otra persona genera un nuevo pago y al final del ciclo ese dinero vuelve a ti mismo. Es una cadena. El dinero es energía, y nada mejor que fluya. Así que la próxima vez que vengan las cuentas, alégrate.

Dar

'Siempre queda perfume en las manos de aquel que regala rosas'. Proverbio oriental.

A veces creemos que tener un plan financiero quiere decir que debemos ser avaros, miserables, etc. Esto no es cierto, si no tienes un plan, cualquier ruta te viene bien, tener un plan es una guía, es la brújula que te ayuda a navegar en el océano.

Ten en mente, que una buena actitud hacia el dinero es dar, sí, dar. Escucho constantemente a gente que dice 'Cómo voy a dar dinero si es justamente lo que quiero' o 'Voy a dar una vez que tenga más dinero'.

Muchas veces tenemos un sentimiento negativo hacia el dinero y entonces somos poco generosos y por ejemplo, no dejamos la propina necesaria al camarero o no ayudamos a quien precisa, etc.

Cuando empiezas a dar te das cuenta de que alguien siempre se encuentra en una peor situación que la tuya y además te das cuenta de que puedes ayudar a los demás. Este hecho de por si te empodera.

Un buen hábito es dejar buenas propinas cuando te dan un buen servicio. Haciendo esto puedes literalmente alegrarle el día a alguien, es algo muy poderoso. Aparte, nada es más lindo que la sensación de estar ayudando al prójimo. Mi amiga Natalia es un ejemplo de esto, por más que no tenga dinero, siempre deja alguna moneda a los músicos que tocan en la vía pública.

Es por ello que, aunque por mínimo que sea el monto, es saludable que tengas el hábito de dar, siempre dentro de tus posibilidades (sin hacer ninguna locura por supuesto).

Recuerda que nunca puedes recibir lo que no das.

Recibir

Dar y recibir están íntimamente unidos, por lo que es muy normal que cuando comiences a dar, también comiences a recibir (aunque cuando des, no tienes que esperar recibir nada a cambio, si haces eso no va a funcionar).

Normalmente, no estamos acostumbrados a recibir y es por ello que cuando alguien nos regala algo, sentimos que no lo merecemos y muchas veces lo rechazamos.

En 2008 cuando estaba realizando mi maestría en finanzas, uno de los requisitos para aprobar una materia era realizar una exposición en grupo ante toda la clase. Como es costumbre, nos repartimos los temas entre los participantes y cada uno preparó su parte. En ese entonces me encontraba con bastante carga laboral y si bien hice mi mejor esfuerzo, no había quedado del todo conforme con mi trabajo. Finalmente, llego el día y realizamos la exposición, luego de la misma un compañero se acercó y me dijo que le había gustado mucho mi parte, ante este comentario mi respuesta fue 'No fue muy interesante lo que preparé', y este me replicó que le había parecido muy útil cierta información que había incluido. En ese momento me di cuenta de que yo no estaba abierto a recibir, estaba literalmente, rechazando el elogio, entonces, reaccioné y le dije simplemente: 'Me alegra que te haya servido. Muchas gracias por tu feedback'.

Es muy importante que así como te acostumbres a dar, también te acostumbres a recibir y cuando esto suceda solamente tienes que sonreír y agradecer. Dar y recibir lo podemos asociar a una canilla que tiene dos grifos, uno de ellos es de agua fría y el otro de agua caliente. Si no das estás cerrando uno de los dos grifos y si no sabes recibir, estás cerrando el segundo y de esta manera, cancelas toda posibilidad de que algo bueno llegue a tu vida. Te propongo entonces que cambies esa actitud hoy mismo y que comiences a recibir con alegría.

Sé Integro

Un pilar en el tema del dinero y en la vida, es la integridad. Tener hábitos financieros saludables no significa hacer dinero a cualquier precio, nunca mientas, robes ni estafes a nadie. Esto no te va a conducir a ningún lado positivo. La integridad es innegociable. Es un valor esencial para la vida. Como ya te conté, el 85% de tus resultados se generan por las relaciones que construyes, si no tienes integridad, tu reputación y tus relaciones, literalmente, se desintegran y en el mediano plazo tus resultados van a ser dramáticos.

Como vimos anteriormente, todo es un sistema, todo se encuentra integrado y relacionado. Si no tienes integridad jamás vas a ser próspero por más dinero que tengas. Piensa siempre en el largo plazo, nunca en transacciones aisladas. Utiliza la regla de oro 'Nunca hagas a los demás lo que no te gustaría que te hagan a ti'.

Te comparto un gran ejemplo que aparece en el libro 'Sí, de acuerdo', un clásico de negociación de Robert Fisher y William Ury: cada vez que te encuentres en una negociación con un tercero y estés por cerrar un trato, para asegurarte de que este sea justo, pregúntate ¿Cerraría este trato en estas condiciones si la otra parte fuese un amigo o un familiar cercano? Si la respuesta es no, ya sabes lo que tienes que hacer. Nada peor que generar resentimiento hacia ti, nada más perjudicial en el largo plazo.

Asegúrate que todo lo que hagas sea ecológico, es decir, que no genere ningún daño a nada ni a nadie.

Compra tiempo

Hay autores que aseguran que el tiempo es lo más preciado que tenemos los seres humanos, este es un recurso escaso que no se puede acumular y que si no se usa se pierde. Entonces, la clave es tener el mayor tiempo posible para hacer lo que más felicidad te genere, regularmente, esto se da cuando pasas tiempo con tus amigos o familia. De esta manera, puedes evaluar cada compra en términos de tiempo en vez del dinero. El libro Happy Money nos aconseja que antes de comprar algo puedes preguntarte ¿Esta compra me va a generar más tiempo para hacer cosas que me brindan felicidad? Si la respuesta es afirmativa, adelante, si no, no lo compres.

Algunas forma de comprar tiempo son: comprar comida hecha en vez de prepararla, contratar a alguien para que te limpie tu casa en vez de hacerlo tú, básicamente reducir el tiempo que te lleva hacer las cosas rutinarias y que no disfrutas. Esto no es mas ni menos que el concepto de delegación, es sano delegar las actividades que no son importantes para ti y no generan nada en tu vida.

Compra experiencias

Como ya te comenté, los objetos que consumes no te generan demasiada felicidad, esto se da básicamente por dos motivos, el primero es el efecto habituación que hablamos anteriormente, por ejemplo, cuando te compras un iphone, en ese instante estás sumamente entusiasmado y crees que es una de las mejores cosas que te ha pasado en toda tu vida, pero al cabo de unas semanas, ese mismo teléfono ya no te genera absolutamente ninguna emoción positiva, se vuelve rutinario y pierde todo su encanto o interés. Adicionalmente, existe lo que se llama 'Punto de Referencia' o 'Punto de Comparación'. Esto significa que solemos compararnos con los demás en todo y casi todo el tiempo. Esto sucede no porque seamos masoquistas, sino, porque las personas somos muy malas para hacer juicio absolutos sobre las cosas, necesitamos una referencia externa con la cual compararnos y esto hace que nuestra felicidad al comprar productos se desvanezca rápidamente, ya sea porque vemos que nuestro vecino tiene un celular mejor que el nuestro o porque acaba de salir un nuevo modelo que deja 'obsoleto' el que compraste hace apenas unas semanas. Esto quiere decir que el paso del tiempo es negativo para los objetos que tienes, su utilidad es inversamente proporcional al tiempo. Cuanto más tiempo pasa, menos valor les das.

En cambio, cuando compras experiencias evitas muchos de estos problemas. En primer lugar, es mucho más difícil habituarte a ellas, dado que no las puedes conservar como es el caso de los bienes, por eso te encanta irte de vacaciones, al ser solo una o dos veces al año no llegas a habituarte a ellas, cuando esto empieza a ocurrir generalmente tienes que volver al rutinario trabajo, con tus rutinarios compañeros y ni que hablar de tu jefe. Además de esto, es mucho más difícil generar un punto de referencia o comparación en estos casos, dado que las experiencias no son tangibles, entonces este efecto negativo se reduce profundamente, y como corolario, el paso del tiempo tiene un impacto muy positivo en lo que se refiere a experiencias, cuanto más tiempo pasa, recuerdas con mayor anhelo aquellas vacaciones o aquel viaje con tus amigos o tu familia. Cada año que pasa las sueles idealizar más, se vuelven cada día más valiosas.

Por todo lo expuesto, está comprobado que comprar experiencias te generan mayor bienestar que consumir bienes por mas tentadores que estos parezcan a priori.

ELIMINA CREENCIAS LIMITANTES EN RELACIÓN AL DINERO

'Si tú te transformas, tu mundo se transforma'.

El mundo de las creencias es realmente fascinante. Seas consciente o no, estamos llenos de creencias y la mayoría de ellas las incorporamos desde niños, mayormente en casa o en el colegio, estas creencias hacen que veas el mundo de una determinada manera y que actúes de una forma particular y no de otra. Las creencias afectan todos los ámbitos de tu vida y el dinero no es la excepción. Por este motivo a pesar de que la mayoría de las personas dice querer tener más ingresos, generalmente, tienen creencias negativas en relación al dinero y de esta manera están en una posición muy desventajosa para recibir o mantenerlo.

Tener creencias limitantes, hace que las personas sientan que no merecen tener dinero, que este es malo y por lo tanto, terminan sin tenerlo, esto se denomina profecías autocumplidas ¿Has conocido personas que por mas que ganen muchísimo dinero no son capaces de conservarlo? ¿Conoces a alguien que siempre elige malas inversiones?

Sin un cambio de creencias es muy difícil que cambien tus resultados por más acciones nuevas que realices. Es como estar girando en falso, siempre te encuentras en el mismo lugar.

Existe el modelo 'Ser, hacer, obtener'. El cual define que si tú eres de una determinada manera, vas a realizar ciertas acciones y estas a su vez, te van a llevar a obtener ciertos resultados. Entonces, a menos que cambies tu 'SER', nunca podrás obtener resultados diferentes, sin importar las acciones que realices.

Según Einstein 'Los problemas no se pueden solucionar en el mismo nivel de conciencia en el que fueron creados'.

MODELO 'SER – HACER – OBTENER'

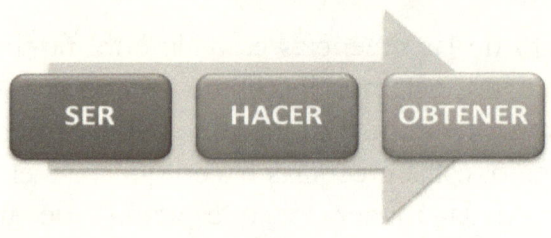

En relación al dinero existen innumerables creencias que cargamos desde nuestra infancia, te voy a compartir las principales que posiblemente te estén limitando y una vez que las identifiques te propongo que las empieces a modificar.

El dinero es escaso

La mayoría de la gente tiene la creencia que el dinero es un bien escaso. Lo realmente malo de esta creencia es que te lleva a pensar que si tienes mucho dinero, se lo estás quitando a otro. Inconscientemente piensas que tener dinero es algo negativo y por ende, nunca vas a poder tenerlo. Es el típico pensamiento de escasez, es un juego de suma cero, o también conocido como pensamiento ganar-perder.

Pensar que el dinero es escaso es un error, se estima que la suma total de todo el dinero en el mundo es aproximadamente 60 trillones de dólares, y además, luego de la crisis financiera del 2008, los tres principales Bancos Centrales del mundo (EEUU, Eurozona y Japón) aumentaron fuertemente la cantidad emitida. Esto significa que el mundo tiene un exceso de liquidez sin precedentes, el dinero sobra y cada día se imprime más y más.

Además, existe lo que se llama el multiplicador monetario, que virtualmente hace que el dinero impreso crezca casi en forma mágica. Esto quiere decir que no solo hay más dinero que nunca, sino, que este también se multiplica constantemente.

Te propongo esta nueva creencia: El dinero es abundante, existe un exceso de billetes y cada día se crean muchos más.

Hay que trabajar duro para conseguir dinero

Existe una creencia muy arraigada donde pareciera que solo esforzándote y sacrificándote es posible obtener dinero. Esta creencia viene de hace muchísimo tiempo en donde tenía mucho más sentido, en la antigüedad, casi la única manera de obtener riqueza era haciendo lo mismo pero por más tiempo. El ejemplo típico es el del comerciante que abría su comercio bien temprano por la mañana y luego era el último que cerraba, este era sin dudas el que más vendía.

Pero esto ya no necesariamente es así, en nuestros días, el nombre del juego es 'generar valor'. Cuanto más valor das a los demás, más vas a recibir a cambio. Si ofreces poco valor, no importa cuanto trabajes, los resultados van a ser malos.

No me malinterpretes, está muy bien trabajar duro, pero hay personas que trabajan extremadamente duro y no obtienen dinero y otras que trabajan en forma inteligente, generando valor y sí lo consiguen. No se trata de 'cuánto' trabajes sino de 'cómo' lo hagas.

En vez de continuar con la creencia que el dinero está relacionado con esfuerzo y sacrificio, puedes adoptar una nueva que implique que puedes ganar dinero y disfrutar al mismo tiempo dando valor en el camino.

El dinero es la causa de todos los males

Existe la creencia que al tener dinero la gente va a comenzar a hablar mal de ti, que es posible que te roben, que te secuestren, que tengas que pagar enormes cantidades en impuestos, etc. Esta es otra creencia que te limita.

No tener dinero es lo que te trae problemas, tenerlo te traer enormes beneficios y algunas situaciones a resolver, nada mas. Piensa que no puedes ayudar a los pobres si eres pobre, solo puedes ayudarlos si tienes el dinero suficiente.

El dinero trae muchas satisfacciones y beneficios. Imagínate como te sentirías donando miles de dólares a una organización con fines sociales. Teniendo dinero puedes hacer una enorme diferencia en este mundo, sin él se te hace todo cuesta arriba. Un ejemplo de esto es Bill Gates, fundador de Microsoft y una de las personas más ricas del mundo. Bill Gates realiza donaciones multimillonarias todos los años que generan un beneficio enorme en los más vulnerables.

Te invito a que revises si tienes esta creencia y si es así, que la cambies hoy mismo.

La gente con dinero es mala

Una creencia típica es que el dinero tiene el poder de corromper el alma de las personas, que las personas se transforman para mal al conseguir dinero. Esto es absurdo, las personas no se transforman porque ganen mas, lo que puede suceder es que amplifiquen lo que ya eran antes, pero el dinero no tiene que ver con bondad o maldad. El dinero es neutro en este sentido ¿Conoces personalmente a alguien con dinero que sea mala persona? La gente muchas veces habla por ignorancia sin tener ninguna fundamentación de lo que dice.

Pensar de esta manera solo te puede generar rechazo hacia el dinero y de este modo, no vas a tener ninguna posibilidad de conseguir prosperidad económica.

Si te sientes identificado con esta creencia, es un buen momento de revaluarla y modificarla hoy mismo. Recuerda al 'bueno' de Bill Gates y sus generosas donaciones.

Mejor pobre y feliz antes que rico e infeliz

No sé de donde salió la idea de que no se puede ser rico y feliz, no tiene ningún fundamento. Claro que pueden existir personas con dinero que no sean felices, pero te aseguro que los millonarios, en promedio, tienen un nivel de felicidad mucho mayor que los pobres. Eso no tiene discusión.

Esta creencia parece ser mas un consuelo de quienes no tiene dinero y de esta manera justificar su fracaso económico.

A cualquier persona que le preguntes, te va a decir que le encantaría tener más dinero y el que no, seguramente, te está mintiendo. El dinero te permite hacer muchísimas cosas, es energía pura. Además, no hay ninguna virtud en la pobreza. Es más, la mejor forma de ayudar a un pobre es no siéndolo tú.

La nueva creencia que te propongo es: el dinero y la felicidad se llevan muy bien.

El dinero no puede comprar la felicidad

Sin duda que el dinero por sí mismo no va a hacer que seas feliz, no tiene ese efecto mágico. Pero te aseguro que la falta de dinero puede ser una enorme causa de problemas en tu vida. Solo debes observar el efecto devastador que tiene su falta en las relaciones: parejas que se divorcian, amigos que se pelean, socios que se separan, etc.

El problema de esta creencia es que te hace pensar que el dinero no es importante y entonces que no le debes prestar atención. El dinero es muy importante y si quieres tener una vida próspera debes administrarlo en forma correcta.

Sabemos que la felicidad duradera pasa por otro lado, por tus relaciones, afectos, por tener una vida con más sentido, aunque el dinero es un factor clave en tu vida y debes darle la importancia y lugar que corresponde.

Una nueva creencia al respecto es: el dinero tiene un rol clave en mi bienestar.

Mejor ser pobre y honrado

Existe el mito que los ricos son corruptos, pareciera que solo puedes tener dinero haciendo trampa, robando, mintiendo, etc. Esto surge porque a los noticieros les encanta mostrar a corruptos y gente deshonesta con dinero, para ellos es la combinación perfecta, genera un poderoso impacto y una empatía en forma inmediata con la audiencia. Pero por unos pocos casos hacemos una generalización sin sustento alguno. Es más, es mucho más probable que la gente que está luchando para llegar a fin de mes sea más propensa a hacer 'trampas', incumplir con las normas o incluso hasta robar. El contexto tiene un poder muy fuerte en nuestro accionar.

La mayoría de los ricos han conseguido su dinero de forma legal y digna. Y generalmente trabajando muchísimas horas. Entonces, la nueva creencia es: el dinero genera prosperidad.

Ya todo está inventado

Esta creencia es realmente nociva, te pone en una situación de resignación total, en un estado de no posibilidad. Muchas veces pensamos que ya todo se encuentra inventado, que unos años atrás era mucho más fácil encontrar oportunidades, que ahora ya es muy tarde, que las opciones para generar dinero en abundancia se agotaron. Y esto es totalmente falso, seguramente 50 años atrás la gente tenía la creencia de que no había alternativas y de que todo estaba inventado. Decirte esto es la excusa perfecta para seguir siendo pobre, es una mentira que te ancla en tu zona de confort. Pero, al contrario de lo que la mayoría piensa, estamos en la mejor de las épocas de toda la historia, los avances tecnológicos han hecho milagros y generan oportunidades todos los días, los cambios son justamente eso, 'oportunidades' y está solo en ti si las aprovechas o las dejas pasar. La nueva creencia que te invito a adoptar es: Vivimos en una época llena de oportunidades y esto se pone cada vez mejor.

Soy demasiado joven

Esta es otra creencia que suele aparecer en tu camino hacia la prosperidad. Que al ser muy joven no cuentas con la experiencia suficiente y que nadie te va a tomar en serio. Que para ganar dinero uno tiene que pasar muchos años en una industria para conocerla a fondo para que no se te escape ni el mínimo detalle. Que hay que empezar de abajo e ir progresando lentamente. Si bien la experiencia es importante, no es un requisito indispensable para triunfar, muchas personas hicieron su fortuna siendo muy jóvenes, un gran ejemplo es Mark Zuckerberg, quien desarrollo la red social Facebook con tan solo 19 años. Además, en el ámbito del dinero, cuanto antes comiences a aplicar los hábitos que vimos en este libro de ganar, conservar e invertir tu dinero, mucho mejor. Va a ser muchísimo más rápido y fácil conseguir tu libertad financiera y si hablamos del área de los negocios, muchas veces no tener experiencia es una gran ventaja, dado que cuando conoces demasiado una industria, crees que no hay otra manera de hacer las cosas que las actuales, nos solemos autolimitar. Los más jóvenes suelen no contar con estas restricciones y tienen una visión mucho más fresca y nueva del negocio, lo que genera indefectiblemente fuertes innovaciones. Una nueva creencia a adoptar es: Hoy es el mejor momento para prosperar.

Soy demasiado viejo

La creencia opuesta también está presente en nuestra sociedad, y esta es que después de determinada edad ya eres demasiado viejo para ganar dinero, si no he triunfado hasta ahora por qué lo haré en este momento, ya es muy tarde para prosperar. Esta es otra enorme mentira que nos gusta contarnos, la edad no tiene absolutamente nada que ver con el éxito financiero. Es más, cuanto mayor experiencia tienes puedes tomar mejores decisiones financieras, cuentas con una estabilidad emocional más elevada, tienes una mayor fuerza de voluntad y autocontrol que te permiten enfocarte en lo importante y no sucumbir a tentaciones de cortísimo plazo. Claramente que cuanto antes comiences a aplicar hábitos saludables mucho mejor para tu vida, pero si no lo has hecho aún, hoy es el mejor día para empezar.

Sin un título no es posible hacer dinero.

Hoy en día estamos enamorados de los títulos, de las especializaciones, de los posgrados, maestrías, etc. Pensamos que son la única forma de generar riqueza. Si bien no podemos negar la importancia de la formación en nuestra vida, no tener un diploma universitario no te condena al fracaso. Abundan los ejemplos de millonarios que nunca se han recibido, un ejemplo clásico es el de Steve Jobs, fundador de Apple, quien en forma irónica afirmó que lo más cerca que estuvo de graduarse, fue cuando lo invitaron a brindar un discurso en la universidad de Stanford. No precisas ser un genio en finanzas para generar riqueza, ni tienes que hacer doctorados en grandes universidades, aunque sí te recomiendo enfáticamente que te apuntes en cursos que te enseñen a manejar tu dinero en forma efectiva, igualmente, si estás leyendo este libro, ya te encuentras en el camino correcto.

Descubrir tus creencias es fundamental para entender cuál es tu patrón del dinero. Lo primero que precisas hacer es detectarlas, para luego comenzar a evaluarlas y finalmente, cambiarlas lo antes posible.

Para ayudarte en este proceso de autoevaluación, te pido que contestes las siguientes preguntas:

¿Cuál es tu creencia en relación al dinero?

Completa la siguiente frase en forma rápida con la primera imagen que se te venga a la mente:

'El dinero es _____'

¿Cómo hablaban de dinero en tu casa? ¿Era un tema de conflicto o de alegría? ¿Era abundante o escaso?

Cuando querías comprar algo en tu infancia y se lo pedías a tus padres ¿Su respuesta era positiva o no?

¿Era normal que no tengas dinero o que no te alcanzara para comprar lo que querías?

¿Piensas que hay que trabajar duro para obtener dinero?

¿Te cuesta mucho ganar dinero?

Cuando pagas un servicio o factura ¿Sientes como si te estuvieran sacando algo?

¿Te cuesta dar propinas?

¿Sueles privarte de darte gustos?

¿Te sientes mal cuando gastas dinero?

¿Gastas todo lo que ganas? ¿Nunca ahorras?

¿Sueles elegir mal tus inversiones o no inviertes en absoluto?

Cuándo ves a alguien con mucho dinero ¿Tienes un pensamiento negativo hacia esa persona?

Luego de contestarlas, medita sobre tus propias respuestas e identifica cuáles son tus principales creencias limitantes. Luego de esto, te aliento a que empieces a modificarlas.

LAS TRAMPAS DEL CAPITALISMO

Todo el sistema capitalista está basado en el consumo, su sustento es el crecimiento permanente, sin este no puede sobrevivir, el pilar del sistema se centra en tener siempre más y más. Por ese motivo, las empresas están en constante estudio de cómo venderte más productos o servicios, sin importarles demasiado si los precisas o no.

Es justamente por esto que necesitas estar muy atento a esta secuencia y darte cuenta de las siguientes 5 trampas que te llevan a consumir considerablemente más de lo que precisas y mucho más de tus verdaderas posibilidades.

Es fundamental que las evites a toda costa ya que una vez que ingresas quedas atrapado en el laberinto y de ahí te va a ser muy difícil salir.

Falta de Sentido

La principal razón por la que llenamos nuestras vidas con productos es porque no contamos con un sentido profundo en nuestras vidas, no contamos con una guía interna que nos indique el camino.

Según el sociólogo y doctor en filosofía Rafael Echeverría nos encontramos dentro de la crisis de sentido más profunda de toda la historia de la humanidad. La satisfacción inmediata, los beneficios al instante y las promesas vacías están a la orden del día. Es por eso que siempre necesitas más, nada parece suficiente. Intentas llenar el vacío interior con objetos o servicios y esto es como un barril sin fondo, jamás se termina. Es la espiral mágica del consumismo. Cuanto menos sentido tengas más necesidad de consumo tendrás y en consecuencia empresarios más ricos y felices.

Por otro lado, cuando te llenas de sentido, te das cuenta que son pocas las cosas que realmente precisas, te vuelves más libre, la vida se empieza a revelar simple, transparente, sin las complejidades del mundo moderno y por lo tanto, la necesidad de comprar cosas se reduce a la mínima expresión.

Te invito a que busques y definas tu misión personal, que descubras tu propósito, el motivo por el que estás en este mundo. Encontrarlo es liberador, te va a transformar en forma profunda y definitiva.

Miedos

Existe una teoría que insiste en que todas las decisiones que tomamos tienen un enorme componente emocional. Y en el caso de las decisiones de compra esto no es para nada la excepción, y en particular, la emoción básica que predomina es la más antigua de todas: te presento al miedo.

Este es un tema realmente amplio y fascinante. Existen infinidades de miedos y algunos de ellos son patológicos y deben ser tratados. En este caso específico te quiero mostrar los miedos más recurrentes que puedes encontrar que te generan una fuerte necesidad de consumo:

Miedo a quedarte sin dinero: no solo tenemos miedo a

no tener dinero, lo cual parece básico, sino que cuando lo tienes, existe el miedo a perderlo todo, a quedarte en la calle, y este miedo es realmente poderoso. Este miedo te lleva a contratar seguros contra robo, incendio, etc., te lleva a comprar seguridad privada para que no te roben lo ganado. Si te ha ido demasiado bien, compras autos blindados y en tu casa tienes puertas blindadas, cajas fuertes, rejas, portero con cámara de video, alarma con central de seguridad conectada las 24hs y la lista puede continuar.

Miedo a perder la salud: este miedo es muy poderoso porque si no lo puedes manejar correctamente, vas a vivir siempre con él y nunca vas a encontrar paz y tranquilidad en tu vida.

Todos los días los medios te bombardean con enfermedades viejas o nuevas, estas pueden ser reales o inventadas, da igual. Todo el tiempo te muestran gente que muere trágicamente, imágenes de personas sufriendo en forma dramática por aquí y allá.

Entonces, para protegerte, conviertes tu hogar 'prácticamente' en una farmacia, además, contratas el plan 'ULTRA' de medicina privada que te sale una fortuna, no vaya a ser que te agarre algo. Y lo más interesante es que si piensas en enfermedades, lo más probable es que te enfermes. Esto se conoce como 'profecías auto cumplidas'.

Hace unos veranos en Argentina hubieron 10 casos de personas que sufrieron picaduras de escorpiones, al ser algo tan inusual, esta noticia estuvo un par de semanas constantemente en los noticieros y periódicos de todo el país, donde profesionales de la salud nos indicaban qué medicamento debíamos comprar en caso de una picadura. La gente agotó en pocos días dicho remedio, lo curioso es que nadie nos avisó la probabilidad de picadura: 10 casos sobre 42 millones. Como era de prever, a los pocos días ya nadie hablaba de este tema, pero el medicamento seguía en los estantes de nuestra casa por si acaso.

Además, el trabajo en la actualidad te genera niveles enormes de stress y este hace que tu sistema inmune se debilite y estés más propenso a enfermarte. El Dalai Lama dijo una vez 'Lo que más me sorprende del hombre occidental es que pierde la salud para ganar dinero y después pierde el dinero para recuperar la salud.' Más claro imposible.

Miedo a quedarte solo: otro de los grandes miedos que tenemos es el de quedarnos solos. La soledad está asociada con fracaso, pareciera que precisas estar en pareja a toda costa, te haga feliz o no.

Es por eso que la industria de la belleza vende cantidades obscenas de productos, prometiéndote beneficios instantáneos para encontrar el candidato ideal. Sólo basta con ir a las góndolas del área de belleza para ver la magnitud de artículos que te ofrecen, las opciones son virtualmente inagotables.

Ni que hablar de la industria de la moda, es interesante notar que la ropa es una necesidad básica, nació para protegernos del frío y para no lastimarnos los pies al caminar. ¿Cómo es que de esa necesidad básica, que se puede resolver bastante fácil, llegamos a pagar por un par de zapatillas más de 100 dólares? Si le tuvieras que explicar el motivo de realizar esa compra a un extraterrestre ¿Que le dirías?

También gastamos cantidades obscenas en cirugías estéticas, otro negocio gigantesco son las dietas, lo interesante es que gastamos montos infinitos para cuidar nuestro exterior, pero que poco que gastamos para cuidar nuestro interior. Y es ahí, donde reside tu máxima y última belleza.

Se han realizado varios estudios que afirman que tu

personalidad influye fuertemente en la percepción que tienen los demás en tu atractivo físico. Uno de ellos se realizó a estudiantes de un curso de verano de 6 semanas, el primer día de clases los alumnos debían calificar a sus compañeros en relación a atributos como familiaridad, inteligencia, esfuerzo, amabilidad y atractivo físico. Este mismo test lo volvieron a realizar una vez finalizado el curso. La conclusión fue que las características no-físicas inciden fuertemente en la percepción de tu atractivo físico. El ejemplo más contundente fue el de una alumna que tuvo una calificación de 3,25 el primer día. Sin embargo, esta chica resultó ser una persona muy popular, muy querida y una fuerte trabajadora dentro del equipo. Sorprendentemente, ese 3,25 se transformó en un 7 el último día del curso y ese logro lo consiguió sin gastar ni un solo centavo.

Sentido de Pertenencia

Una de las necesidades básicas de las personas es sentirse parte de un grupo, una comunidad, etc.

Existen teorías que establecen que esta necesidad tiene relación con la supervivencia. Nuestros antepasados cuando eran rechazados por el grupo, se quedaban solos y de esta manera, eran presa fácil para los predadores. Aunque hemos evolucionado como especie (un poco por lo menos) para nuestro cerebro, el ser rechazado está asociado a un peligro real de muerte.

Las compañías se aprovechan de esto hasta el límite, haciéndote creer que tener un auto o un celular de más de cinco años, te deja afuera de tu 'tribu', entonces para tu mente surge la necesidad profunda de consumir.

La moda es otro gran ejemplo. Una de las maneras

básicas de ser parte de una tribu moderna es vestirte parecido: punks, hippies, rockeros, rastas, ejecutivos, etc. Si no usas un tipo de ropa específico no eres parte, quedas mal y hasta puedes ser ignorado por un grupo ¿Te diste cuenta que casi todos tus amigos se visten parecido?

Comprar sin dinero

El no tener dinero ya no es un problema para que sigas consumiendo. El sistema te dice 'No importa que no tengas ni un centavo, puedes comprarlo igual'. Esa es la magia de las tarjetas de crédito, 'Págalo en 3, 6, 12 cuotas'. Generalmente, te ocultan una enorme tasa de interés y además cuando te demoras en tus pagos, ahí sacan el mejor rédito, tasas astronómicas y ganancias aseguradas.

Date cuenta que haciendo esto estás hipotecando tu libertad, estás ingresando a la zona de esclavitud, ahora precisas trabajar sólo para pagar tus consumos. Ya no puedes darte el lujo de embarcarte en ese emprendimiento que vienes postergando y tanto te gustaría hacer, no puedes asumir ese riesgo, cada vez que lo piensas aparecen tus deudas mirándote y pareciera que te dicen 'No tengas sueños infantiles, ya eres adulto y necesitas un trabajo en serio'.

Dile no a las deudas, son mochilas enormes que no te dejan mover y te alejan todos los días un poco más de tus sueños.

Gratificación inmediata

'Hay una fuerza motriz más poderosa que el vapor, la electricidad y la energía atómica: la voluntad. Albert Einstein'

Las publicidades están basadas en la estrategia de la inmediatez. Te llevan siempre al cortísimo plazo, al momento actual, para ellos no hay futuro, utilizan términos como: 'Tú te lo mereces', 'Date un gusto', 'Escápate', etc. Esto es claramente muy perjudicial para tu prosperidad financiera.

Existe un estudio fascinante realizado en niños de 4 años a los cuales se los invitaba a pasar a una habitación vacía, lo único que esta tenía era una mesa (esto estaba pensado para que los niños no tuvieran ninguna distracción) y una vez allí, les ofrecían una golosina, a la cual la situaban arriba de la mesa. El trato era el siguiente, si podían aguantar 15 minutos sin comerla, les daban otra golosina adicional. Los resultados fueron bien interesantes, sólo uno de cada tres niños, logró obtener la ansiada segunda golosina, los demás sucumbieron al placer instantáneo. Pero aquí viene lo realmente fantástico de este estudio, luego de este experimento hicieron un seguimiento de estos chicos y varios años más tarde, se dieron cuenta de que los que habían logrado demorar la gratificación eran más exitosos en prácticamente todos los ámbitos de la vida.

Demorar la gratificación denota fuerza de voluntad y esta forja tu carácter. Es la enorme diferencia entre pensar en el corto versus el largo plazo, en el placer o en el bienestar.

Es por eso, que es tan importante ampliar tu horizonte temporal y evitar así la gratificación instantánea. Antes de tomar una decisión importante de compra pregúntate: ¿Qué beneficios va a generar en mi vida dentro de 1, 2, 5 o 10 años? Una vez que la hayas contestado, toma la decisión apropiada.

Esta simple técnica te va a generar enormes ventajas en tu vida.

Acortar los Plazos

Una de las recetas que utilizan las grandes empresas es acortarte los plazos. Esto lo hacen para que pierdas noción de tus gastos, muchas publicidades te anuncian el precio por unidades de tiempo cada vez más cortos. Por ejemplo, hay compañías de teléfono y de seguros, que te informan el precio por día, para que de esta manera te parezca insignificante. Pero, al final, ese monto que parecía mínimo, se hace una carga muy pesada en el mes y en el año.

Siempre debes ampliar tu perspectiva, ampliar tu horizonte temporal. Esto te va a ayudar a tener una visión más profunda y a tener un mayor equilibrio en tu vida.

Placer

Las empresas son campeonas mundiales en prometerte bienestar. Suelen equiparan el Placer con la Felicidad. Entonces, para obtener felicidad necesitas placer (comprar más y más) y este lo encuentras supuestamente comprando sus productos o servicios. Esto es un círculo vicioso infinito. El placer lo encuentras en las cosas externas, por el contrario, la felicidad sólo está en el interior. El placer es de corto plazo, se agota muy rápidamente, entonces precisas volver a comprar y así sucesivamente para obtener gotas de felicidad.

Tener una vida placentera no está mal, pero vas a precisar un dineral para sostenerla y nunca, escúchame bien, nunca vas a obtener felicidad verdadera ahí.

La verdadera felicidad la encuentras teniendo una vida comprometida y con sentido, es decir, haciendo lo que amas y encontrando el sentido o propósito de tu vida.

EPÍLOGO

Espero que este libro te haya aportado alguna idea nueva e interesante en relación al manejo de tu dinero. Y que te haya aportado un granito de sabiduría.

Aunque debes tener en cuenta que el conocimiento sólo sirve si lo aplicas, si lo pones en acción. Sólo así se convierte en aprendizaje. Es por esto, que mi último consejo es que comiences con los 2 o 3 hábitos que más te hayan llamado la atención y los apliques de inmediato. Luego puedes ir agregando otros. No trates de realizar demasiados desde el principio, porque como dice el refrán 'El que mucho abarca poco aprieta'.

Y para concluir, te quiero agradecer que hayas leído hasta aquí, realmente valoro tus ganas de formarte y de progresar.

Espero que consigas prosperidad en todos los ámbitos de tu vida, que al final del día de eso se trata.

BIBLIOGRAFÍA

Te comparto algunos libros en los cuales encontré muchas ideas interesantes que te van a ayudar a seguir explorando el camino hacia la prosperidad y la felicidad.

- Los 7 hábitos de la gente altamente efectiva. Stephen Covey
- Autobiografía de Benjamín Franklin.
- En cambio. Estanislao Bachrach.
- Padre Rico, Padre Pobre. Robert Kiyosaki.
- Piense y hágase rico. Napoleón Hill.
- Los secretos de la mente millonaria. T. Harv Eker.
- Inteligencia emocional. Daniel Goleman.
- Pide y recibirás. Esther y Jerry Hicks.
- Inteligencia Social. Daniel Goleman.
- El hombre en busca de sentido. Viktor Frankl.
- Ontología del lenguaje. Rafael Echeverría
- La felicidad desesperadamente. Andre Comte Sponville
- La magia del orden. Marie Kondo
- La auténtica felicidad. Martin Seligman
- El poder de los hábitos. Charles Duhigg
- Sí, de acuerdo. Robert Fisher y William Ury
- 'Mini hábitos'. Stephen Guise
- 'Moneda, Banca y Mercados Financieros'. Frederic Mishkin

- Mi primer millón. Charles-Albert Poissant y Christian H. Godefroy
- Happy Money. Elizabeth Dunn y Michael Norton.

ACERCA DEL AUTOR

Esteban Coluccio es Licenciado en Administración, Magister en Finanzas (Universidad Torcuato Di Tella) y Coach Ontológico Profesional.
Trabajó durante 15 años en IBM, de los cuales, los últimos 2 los realizó en el exterior (Quito, Ecuador) como Director Financiero.
Realizó cursos de liderazgo en Armonk, Nueva York y San Pablo, Brasil.
Hace unos años decidió salir del mundo corporativo para enfocarse en el liderazgo y la formación y por ese motivo fundó Lidera tu Vida.
Además, es un apasionado por la música, le gusta tocar jazz, tango, blues y bossa nova.

www.ingramcontent.com/pod-product-compliance
Lightning Source LLC
Chambersburg PA
CBHW030702220526
45463CB00005B/1869